Como invocar a Deus,

honesta e efetivamente, não apenas com palavras

Editora Appris Ltda.
1.ª Edição - Copyright© 2024 da autora
Direitos de Edição Reservados à Editora Appris Ltda.

Nenhuma parte desta obra poderá ser utilizada indevidamente, sem estar de acordo com a Lei nº 9.610/98. Se incorreções forem encontradas, serão de exclusiva responsabilidade de seus organizadores. Foi realizado o Depósito Legal na Fundação Biblioteca Nacional, de acordo com as Leis nos 10.994, de 14/12/2004, e 12.192, de 14/01/2010.

Catalogação na Fonte
Elaborado por: Josefina A. S. Guedes
Bibliotecária CRB 9/870

```
           Pereira, Josiane Carvalho
P436c         Como invocar a Deus, honesta e efetivamente, não apenas com palavras /
2024       Josiane Carvalho Pereira. – 1. ed. – Curitiba: Appris, 2024.
              111 p. ; 21 cm.

           ISBN 978-65-250-5955-6

           1. Fé. 2. Oração. 3. Confiança. I. Título.

                                                   CDD – 248.32
```

Editora e Livraria Appris Ltda.
Av. Manoel Ribas, 2265 – Mercês
Curitiba/PR – CEP: 80810-002
Tel. (41) 3156 - 4731
www.editoraappris.com.br

Printed in Brazil
Impresso no Brasil

Josiane Carvalho Pereira

Como invocar a Deus,

honesta e efetivamente, não apenas com palavras

Appris editora

FICHA TÉCNICA

EDITORIAL	Augusto Coelho
	Sara C. de Andrade Coelho
COMITÊ EDITORIAL	Ana El Achkar (UNIVERSO/RJ)
	Andréa Barbosa Gouveia (UFPR)
	Conrado Moreira Mendes (PUC-MG)
	Eliete Correia dos Santos (UEPB)
	Fabiano Santos (UERJ/IESP)
	Francinete Fernandes de Sousa (UEPB)
	Francisco Carlos Duarte (PUCPR)
	Francisco de Assis (Fiam-Faam, SP, Brasil)
	Jacques de Lima Ferreira (UP)
	Juliana Reichert Assunção Tonelli (UEL)
	Maria Aparecida Barbosa (USP)
	Maria Helena Zamora (PUC-Rio)
	Maria Margarida de Andrade (Umack)
	Marilda Aparecida Behrens (PUCPR)
	Marli Caetano
	Roque Ismael da Costa Güllich (UFFS)
	Toni Reis (UFPR)
	Valdomiro de Oliveira (UFPR)
	Valério Brusamolin (IFPR)
SUPERVISOR DA PRODUÇÃO	Renata Cristina Lopes Miccelli
PRODUÇÃO EDITORIAL	Sabrina Costa
REVISÃO	Samanta Dubali
DIAGRAMAÇÃO	Renata Cristina Lopes Miccelli
CAPA	Carlos Pereira
REVISÃO DE PROVA	Jibril Keddeh

Valmir Soares Pereira (em memória)

À minha amada mãe, Nany Nanizura, minha inspiração constante e exemplo de fé inabalável. Em meio aos desafios, você sempre confiou em Deus e me ensinou a nunca desistir. Sua presença em minha vida é um presente inestimável, e seu amor transforma dificuldades em aprendizado. Seu sorriso ilumina meus dias e seu abraço conforta minhas tristezas. Sou grata por ter você como minha mãe, que me ensinou valores importantes como respeito, honestidade e empatia. Seu exemplo me motiva a seguir em frente, buscando alcançar meus sonhos e superar adversidades.

Ao meu incrível drasto, Geraldinho. Você é uma pessoa tão especial em minha vida que merece todo o reconhecimento e carinho do mundo. Desde que entrou em nossa família, transformou nossas vidas para melhor e mostrou que o amor pode ser encontrado em laços que vão além do sangue.

Ao meu querido amigo Aldy . Se tem uma coisa que a vida me ensinou é que amigos verdadeiros são tesouros raros que encontramos ao longo do caminho. E você, meu amigo, é um desses tesouros preciosos com que a vida me presenteou.

Desde o primeiro momento quando nos conhecemos, senti uma conexão especial. Com você, pude compartilhar risadas, aventuras e até mesmo momentos mais difíceis. Ao longo dos anos, construímos memórias inesquecíveis juntos. Nossas conversas profundas e filosóficas, cada momento ao seu lado tornou a minha vida mais rica e significativa.

AGRADECIMENTOS

Agradeço profundamente aos meus professores de música, tio Walace e tia Leticia, por sua dedicação e inspiração. Obrigada!

Sou grata a todos na Bahia que fizeram parte da minha jornada. Vocês, com suas histórias e generosidade, me fizeram sentir em casa e me permitiram conhecer a rica cultura baiana. Seu carinho e alegria serão sempre lembrados.

Também gostaria de agradecer às pessoas com quem tive dificuldades, desentendimentos e vivências nem sempre positivas. Cada desafio enfrentado foi também uma lição valiosa e um momento de crescimento pessoal. Agradeço por me ensinarem a lidar com as adversidades e a buscar a resiliência e a compreensão em momentos difíceis. Vocês me fizeram perceber que nem sempre as relações são perfeitas, mas ainda assim podemos aprender e evoluir com elas.

Deixo aqui meu profundo agradecimento a todos vocês, pois, sejam boas ou más as experiências, todas elas contribuíram para minha jornada. Que a vida siga nos proporcionando novos encontros e aprendizados. Espero que nosso caminho possa se cruzar novamente, seja na Bahia ou em qualquer outro lugar do mundo.

APRESENTAÇÃO

Gostaria de abordar um tema extremamente relevante em nossas vidas: como invocar a Deus de maneira honesta e efetiva, indo além das meras palavras. *Como invocar a Deus, honesta e efetivamente, não apenas com palavras* é um título instigante que nos convida a refletir sobre a forma como nos relacionamos com o divino. Numa sociedade repleta de discursos vazios e promessas vãs, é crucial buscarmos uma conexão verdadeira e autêntica com algo maior, transcendental.

Nessa jornada de autoconhecimento espiritual, somos convidados a abandonar as artimanhas do mero discurso religioso e a adentrar uma busca profunda por uma conexão real com Deus. Afinal, invocar o divino não se resume apenas a declamar palavras de devoção, é necessário engajamento genuíno e ações condizentes com aquilo que professamos.

Ao longo das páginas deste livro, somos conduzidos a questionar nossa própria sinceridade em relação à nossa fé. Será que nossas invocações são apenas uma forma de buscar favores divinos ou estamos realmente comprometidos com a transformação interior e com a busca por uma ligação mais autêntica com Deus?

A autora, com sua escrita sensível e perspicaz, guia-nos por um caminho de reflexão profunda, desafiando-nos a abandonar a superficialidade e a abraçar uma espiritualidade mais significativa. Ela nos encoraja a olhar para dentro de nós mesmos, reconhecendo nossas fraquezas e virtudes, buscando a verdadeira honestidade diante do divino.

A invocação de Deus, portanto, não é um ritual mecânico, mas uma expressão de nossa sinceridade e compromisso com a verdade. É um convite para que mergulhemos em nosso interior, desvendando nossas verdades mais profundas e nos aproximando cada vez mais do divino.

Neste livro, encontramos orientações práticas para uma invocação autêntica. A autora nos conduz por diferentes práticas meditativas, rituais e reflexões, auxiliando-nos a encontrar nossa própria voz na busca por uma conexão verdadeira com Deus.

Como invocar a Deus, honesta e efetivamente, não apenas com palavras é uma obra que nos desafia a ir além das aparências, dos discursos vazios e das orações vazias de sentido. É uma chamada para que assumamos a responsabilidade por nossas palavras e ações, buscando uma vida em sintonia com aquilo em que acreditamos.

Ao final desta leitura, somos convidados a uma mudança profunda e duradoura em nossa relação com Deus. A invocação do divino deixa de ser um mero exercício de palavras e se torna uma expressão autêntica de nossa essência e de nossa fé.

Que este livro nos inspire a realmente invocar Deus, não apenas com palavras.

PREÂMBULO

No decorrer desta obra, exploraremos diferentes práticas e atitudes que nos ajudarão a conectar-nos verdadeiramente com o Divino.

Em primeiro lugar, é crucial ressaltar que a Invocação a Deus vai muito além de simples orações ou súplicas. Para invocá-Lo de maneira autêntica, precisamos cultivar uma conexão profunda e sincera com Ele, uma relação de confiança e entrega total. E isso ocorre por meio de nossas ações diárias.

A honestidade é o alicerce de uma invocação efetiva a Deus. Reconhecer nossos erros, admitir nossas fraquezas e buscar a verdade acima de tudo é essencial para desenvolver uma relação verdadeira com o Divino. Não adianta fingir ser perfeito ou colocar uma máscara de santidade; Deus conhece nosso íntimo e deseja que sejamos autênticos em nosso relacionamento com Ele.

Além disso, a prática da bondade e da compaixão é fundamental na invocação de Deus. Não basta apenas pedir bênçãos e proteção; é preciso agir de acordo com os princípios divinos em nossas interações com o mundo. Ser atencioso, altruísta e ajudar o próximo são formas tangíveis de expressar nossa comunhão com o Divino.

A simplicidade também desempenha um papel fundamental. Muitas vezes, perdemo-nos em rituais complexos e cerimônias grandiosas. No entanto, o verdadeiro convite a Deus acontece no silêncio de nosso coração. Basta um momento de paz e contemplação para nos conectarmos com o Sagrado. Não importa onde estamos, nem como nos apresentamos; a verdadeira conexão com Deus transcende qualquer formalidade ou ostentação.

Por fim, uma invocação honesta e efetiva exige constância. Não é um ato isolado, mas sim um compromisso diário. Assim como qualquer relacionamento saudável, precisamos nutrir nossa ligação com o Divino todos os dias, por meio da oração, meditação, leitura das Sagradas Escrituras e atitudes compassivas.

Invocar a Deus de maneira honesta e efetiva não é um processo fácil, mas com dedicação, humildade e amor podemos alcançar uma comunhão profunda com o Divino. Lembrem-se de que nossas ações falam mais alto do que nossas palavras; portanto, vamos colocar em prática todos os ensinamentos que recebemos para honrar e invocar a Deus da forma mais autêntica possível.

Àqueles que anseiam por uma conexão autêntica com o divino, este guia é dedicado como um farol para iluminar o caminho da busca espiritual. Em um mundo repleto de palavras vazias e rituais desprovidos de significado, a jornada em direção a Deus, muitas vezes, exige mais do que a mera repetição de fórmulas. Exige uma abordagem sincera e uma disposição para transcender as barreiras da formalidade em busca de uma ligação verdadeira.

Cada indivíduo embarca em uma jornada espiritual única, moldada por suas crenças e práticas religiosas. Este guia não se propõe a fornecer uma receita universal, mas sim a oferecer orientações gerais que podem ser adaptadas e personalizadas de acordo com a trajetória singular de cada buscador da verdade divina.

A essência desta obra reside na convicção de que a espiritualidade é uma jornada dinâmica, uma dança íntima entre o buscador e o transcendental. Ao invés de enaltecer fórmulas prontas, enfatiza-se a importância da honestidade, da sinceridade e da disposição para ir além do superficial. Aqui, a busca por Deus é mais do que um ato de devoção; é um mergulho profundo na própria essência, um convite para explorar as profundezas da alma.

Ao longo destas páginas, será explorada uma variedade de abordagens, práticas e reflexões que visam inspirar aqueles que desejam transcender as limitações da mera conformidade religiosa. A eficácia da busca espiritual é medida não apenas pela quantidade de orações recitadas, mas pela autenticidade do diálogo interior, pela conexão verdadeira estabelecida com o divino.

Que este guia sirva como um companheiro de jornada, um mapa que aponta para os caminhos da verdade espiritual. Que inspire aqueles que o exploram a olhar além das fachadas das tradições e descobrir a beleza intrínseca da conexão direta com Deus. Que cada página seja um convite para aprofundar a relação pessoal com o divino e uma lembrança de que, no final, a busca por Deus é uma jornada que transcende as palavras e abraça a sublime linguagem do coração.

1. Reflita e conheça a si mesmo:

Antes de buscar uma conexão com Deus, é essencial olhar para dentro de si mesmo e fazer uma reflexão profunda sobre seus valores, crenças e emoções. Isso permitirá compreender o que você busca encontrar em sua relação com o divino e como deseja se expressar honestamente perante Ele.

2. Seja autêntico em suas orações:

Quando nos dirigimos a Deus, é fácil cair na armadilha das palavras vazias ou repetições mecânicas. Para invocar Deus de maneira efetiva, é preciso se concentrar em ser sincero e autêntico em suas orações. Não tenha medo de compartilhar seus pensamentos, sentimentos, alegrias e tristezas, pois Deus conhece seu coração e deseja uma relação verdadeira e genuína com você.

3. Cultive uma vida de ações e atitudes coerentes:

Além das palavras, Deus observa nossas ações e atitudes em relação aos outros e ao mundo ao nosso redor. A invocação eficaz de Deus traz consigo a responsabilidade de viver uma vida coerente com os princípios e ensinamentos espirituais em que você acredita. Pratique o amor, a compaixão, a generosidade e a humildade no seu dia a dia, contribuindo para um mundo melhor.

4. Esteja presente no momento:

A conexão com Deus também pode ser aprimorada por meio da prática da atenção plena e da presença no momento presente. Reserve um tempo para silenciar sua mente, meditar, contemplar e estar consciente da presença de Deus ao seu redor. Esteja aberto para ouvir a Sua voz, presente em tudo que o cerca.

5. Busque orientação espiritual:

Caso sinta necessidade de um direcionamento mais específico e profundo em sua jornada espiritual, considere buscar orientação de líderes religiosos, mentores ou comunidades espirituais. Essa troca de conhecimentos e experiências pode ser enriquecedora e auxiliar no seu caminho de invocação a Deus de maneira honesta e efetiva.

Conclusão:

Nesta busca espiritual pela conexão genuína com o divino, é vital compreender que o caminho para se conectar a Deus é uma jornada profundamente pessoal. Cada indivíduo, em sua singularidade, encontrará uma via única para estabelecer essa ligação sagrada. Este preâmbulo é um convite à reflexão e à ação, oferecendo orientações gerais para iluminar o caminho, mas respeitando a individualidade de cada buscador.

A espiritualidade, por sua própria natureza, transcende as fronteiras das fórmulas preestabelecidas. Este guia não busca impor regras rígidas, mas sim compartilhar insights que possam inspirar e guiar na jornada interior em direção a Deus. A ênfase recai sobre a sinceridade — o ato de abrir o coração de maneira verdadeira —, a coerência nas ações diárias e a busca incessante pela autenticidade no relacionamento com o divino.

Cada capítulo destas páginas é uma sugestão, uma luz suave que ilumina o caminho, lembrando que a busca por Deus é uma experiência que vai além das palavras e exige um compromisso interior. Ao enfatizar a importância da sinceridade, busca-se encorajar o leitor a mergulhar nas profundezas de sua própria alma, a reconhecer as próprias verdades e a trilhar um caminho que ressoe com a autenticidade do ser.

A conexão com Deus, quando fundamentada na verdade e na ação coerente, tem o poder de desencadear uma transformação profunda. Este preâmbulo é um convite para que a invocação a Deus seja verdadeira, que cada palavra pronunciada ecoe com a honestidade do coração. Que esta conexão não seja apenas uma busca espiritual, mas uma jornada que permeia todos os aspectos da vida, trazendo uma renovação que se reflete em pensamentos, palavras e ações.

Que estas palavras sirvam como um guia compassivo em sua jornada espiritual, incentivando a descoberta de uma conexão autêntica com o divino. Que a busca por Deus seja uma fonte constante de inspiração, sabedoria e transformação em sua vida, proporcionando um encontro sagrado que transcende as fronteiras do efêmero, conectando-o à eternidade com sinceridade e reverência.

Não basta clamar aos céus com meras palavras, é necessário invocar a Deus com uma vida honesta e efetiva.

(Josiane Carvalho Pereira)

SUMÁRIO

INTRODUÇÃO 23

CAPÍTULO I
A NATUREZA E O DESENVOLVIMENTO DA FÉ 28

CAPÍTULO II
FÉ E PODERES CELESTIAIS 35

CAPÍTULO III
O QUE GOVERNA A FÉ? 44

CAPÍTULO IV
NOSSA FÉ SERÁ TESTADA 74

CAPÍTULO V
INSTRUÇÕES PARA UMA FÉ CRESCENTE 90

CAPÍTULO VI
DESENVOLVENDO UM ENTENDIMENTO
MAIS PURIFICADO SOBRE FÉ 101

REFERÊNCIAS 109

Caro leitor,

À medida que você se aprofunda na leitura de *Como invocar a Deus honesta e efetivamente, não apenas com palavras*, convido-o a manter um caderno de anotações ao seu lado. Este livro foi escrito para inspirar uma conexão mais profunda e autêntica com o divino, e acredito que um caderno de anotações pode enriquecer sua jornada.

Use esse caderno para registrar seus pensamentos, reflexões e orações enquanto você lê. Anote as passagens que ressoam com você, as ideias que surgem e as perguntas que você gostaria de explorar mais profundamente.

Esse caderno de anotações é um espaço sagrado para você explorar sua fé e espiritualidade. É um lugar onde você pode ser honesto consigo mesmo e com Deus, onde você pode expressar suas esperanças, medos, alegrias e tristezas. E, quem sabe, talvez essas anotações possam se tornar suas próprias orações – honestas, efetivas e não apenas palavras.

Então, pegue sua caneta, abra seu caderno e vamos embarcar juntos nesta jornada espiritual.

Com carinho, Josiane.

INTRODUÇÃO

*Nada podes ensinar ao homem.
Podes somente ajudá-lo a descobrir as coisas dentro de si mesmo.*

(Galileu Devido)

Jamais alguém concordará em rastejar se sentir um impulso para voar.

(Hellen Kelle)

Em relação ao processo de oração, encorajo-os a aprender a invocar o Senhor honesta e efetivamente, não apenas com palavras, mas também com espírito e poder, "para que os poderes do céu sejam derramados sobre nós".

As forças do céu são reais e podem influenciar dramaticamente no curso dos eventos em nossas vidas. Em nosso relacionamento com Deus, os poderes do Céu incluem qualquer influência ou poder (inspiração, dom do espírito, poder do sacerdócio, e muitos outros) de que Deus cuida e que estão sempre trabalhando a nosso favor.

A pesquisa das escrituras mostra que as formas pelas quais as forças do céu podem ajudar as pessoas são quase ilimitadas. Para atingir o nosso potencial nesta vida, temos de aprender a invocar as forças do céu. Nenhum nível de conhecimento ou habilidade pode substituir a presença de tais forças em nossas vidas.

Através dos poderes celestiais, podemos ter sucesso nesta vida mortal, apesar das nossas fraquezas, porque literalmente os poderes celestiais substituem as fraquezas humanas. Quando aprendemos a confiar nas forças celestes, as nossas limitações, dificuldades e fraquezas físicas tornam-se insignificantes. O Senhor prometeu que, se nos aproximarmos dele com humildade, nossas fraquezas se tornarão nossos pontos fortes.

"E quando você vier a mim, mostrar-lhe-ei a sua fraqueza. E darei fraqueza a você para que se humilhe; e acredite em mim, então farei..."

Nosso acesso aos poderes celestiais permite-nos cumprir essa promessa. Porque, quando aprendemos a adquirir poderes celestiais, nossos talentos e habilidades aumentam muito. Nossas maiores realizações nesta vida dependem mais de nossa capacidade de invocar as forças do céu em nosso nome do que de nossas habilidades naturais. Ezra Taft Benson disse:

Homens e mulheres que consagram suas vidas a Deus experimentarão que Ele, de maneiras que transcendem a compreensão humana, enriquece suas existências de maneiras que jamais poderiam ter alcançado por seus próprios esforços. Nessa entrega total, Deus não apenas aumenta a alegria que habita em seus corações, mas também amplia a visão de suas mentes, estimula o pensamento em novas dimensões, fortalece os músculos da fé, eleva seus espíritos a alturas que ultrapassam as fronteiras do terreno.

Ao render-se completamente, o devoto descobre que Deus não é apenas um doador de bênçãos, mas um multiplicador generoso, ampliando as oportunidades em sua jornada espiritual e terrena. Aqueles que se entregam a Ele encontram consolo para a alma em meio às vicissitudes da vida, cercam-se de amigos espirituais que compartilham da mesma fé e encontram uma plenitude que transcende as limitações humanas.

Essa entrega total à vontade divina não se trata de perder a vida, mas, paradoxalmente, de encontrá-la de maneira mais abundante. Pois, na busca sincera e desprendida por Deus, somos preenchidos com uma paz que vai além da compreensão, uma serenidade que emana da certeza da presença divina em todos os aspectos da vida. Assim, ao perder-se para Deus, encontra-se a verdadeira essência da existência e experimenta-se uma plenitude que transcende as fronteiras do efêmero.

À medida que aprendemos a invocar as forças do Céu, vemos essa promessa se cumprir em nossa vida.

As leis espirituais governam as forças do céu; com sua aceitação e se as entendermos e aprendermos a viver de acordo com a lei, podemos chamar constantemente as forças do céu para nos ajudar em todos os nossos esforços. As escrituras nos dizem claramente que devemos seguir certas leis para receber certas bênçãos de Deus.

No plano celestial, existe uma lei divinamente decretada, estabelecida antes mesmo da fundação deste mundo, uma ordem imutável que serve como alicerce para todas as bênçãos que são derramadas sobre nós. Essa lei, que transcende as dimensões temporais da existência, é uma expressão do amor e da sabedoria divinos, delineando o caminho pelo qual as bênçãos fluem do divino para o humano.

Quando somos agraciados com uma bênção de Deus, estamos testemunhando a manifestação concreta dessa lei celestial em ação. Essas dádivas não são simples eventos fortuitos, mas sim a materialização da ordem divina que rege os destinos humanos. Cada bênção recebida é um elo direto com essa lei, uma confirmação do cuidado e da benevolência que emanam do transcendental.

Ao contemplarmos as bênçãos que fluem do céu para nossas vidas, somos convidados a reconhecer a profundidade dessa lei irrevogável. Ela não é apenas um conjunto de regras, mas uma expressão do propósito divino que permeia toda a criação. Essa lei, estabelecida antes da fundação do mundo, revela-se como a estrutura pela qual a graça divina encontra seu caminho até nós, moldando nossas jornadas com significado e propósito.

Em cada bênção recebida, somos lembrados da fidelidade inabalável de Deus a essa lei eterna. Cada dádiva é um testemunho vivo de como a harmonia divina se desdobra em nossas vidas, guiando-nos por um caminho alinhado com o plano divino. Ao compreendermos e nos alinharmos com essa lei irrevogável, encontramos não apenas bênçãos momentâneas, mas uma conexão duradoura com a fonte de toda vida e graça.

Que cada bênção que recebemos seja um lembrete tangível dessa lei celestial, e que, ao contemplarmos esses presentes divinos, possamos perceber a profundidade do amor que nos envolve, baseado em uma ordem eterna que transcende o tempo e o espaço.

Por meio de nossos próprios esforços, temos direito a vários dons e bênçãos que vêm por meio dos poderes do céu.

É muito difícil, se não impossível, seguirmos certas leis e princípios, se não soubermos quais são essas leis e se não entendermos claramente o que é necessário para segui-las.

Ao terminar de ler este livro, você entenderá claramente a fé como um todo, entenderá claramente o que é necessário para segui-las e, o mais importante, entenderá claramente o processo pelo qual ela controla as forças do céu.

Você sabe especialmente como invocá-las para ajudar a realizar seus desejos exatos?

Você também entenderá o papel que o pensamento desempenha no exercício da fé e como enfrentar as provações de fé enquanto nos esforçamos para despertar os exércitos do céu. Infelizmente, muitos religiosos estão profundamente limitados em seus empreendimentos mortais nos chamados religiosos, responsabilidades parentais e profissionais, vida social, ensino, entre outras áreas da vida. Porque não sabem como pedir a ajuda das forças celestes. Quando desenvolvemos essa habilidade corações se beneficiam, vidas são transformadas e sonhos e desejos justos serão realizados.

O propósito principal deste livro é ensinar os filhos de Deus a invocar as forças celestiais. Para isso, deve saber exercer a fé, que domina essas habilidades. Ao ler este livro, você descobrirá que o processo de praticar a fé é mais profundo do que você pode imaginar.

Neste momento da vida, a sua compreensão da fé baseia-se nesta definição familiar: "A fé é agora a substância das coisas que se esperam, a evidência das coisas que não se veem" (Hebreus 11:1).

Sua capacidade pessoal para invocar as forças celestiais é extremamente limitada se não compreende exatamente qual é o processo de exercer a fé; mostrar fé em uma vaga definição de fé não é suficiente.

Demonstrar fé suficiente para despertar os poderes do céu envolve um processo muito especial e pessoal. Para fazer isso de forma eficaz, devemos entender completamente o processo e aprender a aplicá-lo ao nosso trabalho diário.

Este livro nos ajuda a entender o processo necessário para invocar as forças celestiais e abençoar nossas vidas. Quando seguimos esse processo com sucesso, podemos despertar as forças do céu para nos ajudar a realizar nossos desejos mais queridos.

Embora a fé seja um dom de Deus, só podemos recebê-la por livre-arbítrio. E é importante entendermos que completamos nossa fé exercendo nosso livre-arbítrio. (Veja *True Faith*, de Orson Pratt, Literaturas sobre a Fé.)

Este livro foi elaborado para nos ajudar em nossos esforços para aumentar e aperfeiçoar nossa fé.

Capítulo I

A NATUREZA E O DESENVOLVIMENTO DA FÉ

Em geral, os religiosos não têm dificuldade em compreender os fundamentos da fé; como a crença de que Deus vive, que Jesus é o Cristo, que existe vida após a morte ou uma crença geral em um plano de salvação. No entanto, muitas pessoas acham difícil entender qual fé específica é necessária para invocar as forças do céu para ajudá-las a ter mais sucesso em todas as áreas da vida.

Joseph Smith ensinou o seguinte sobre a fé:

- "A fé é a causa motriz de todas as obras, tanto nas questões temporais quanto nas espirituais"
- "A fé não é apenas o princípio da ação, mas também o poder"
- "De modo que a fé é o primeiro e grande princípio governante, que tem poder, poder e autoridade sobre todos"

Observem: se uma pessoa quer eliminar 10 quilos, deve agir da seguinte forma:

- Confie na lei que dita a dieta.
- Decida fazer exercícios todos os dias e comer menos.
- Realize constantes exercícios físicos.

No entanto, muitos desejos não podem ser realizados apenas pela fé, que nos faz agir. Existem muitos desejos que requerem uma ajuda especial do Senhor e uma decisão firme de nossa parte.

Um exemplo: se uma pessoa se perde em uma floresta durante uma nevasca e começa a orar ao Senhor para poupar sua vida e inspirá-lo em qual direção ele deve ir para se abrigar. Nesse caso, o desejo não se realizará se a pessoa não conseguir chamar as forças celestiais para ajudá-la.

A fé como princípio de ação inclui, portanto, resoluções, determinação. A fé como princípio de poder inclui decisões, e também esforço mental constante.

Pensando nisso, fica fácil entendermos que a fé é a base de todas as atividades: seja fazer exercícios, plantar uma horta, estudar para um exame, até mesmo para aprender algum instrumento musical ou sair do aluguel para sua casa própria, entre outras coisas de acordo com a necessidade de cada um individualmente ou coletivamente.

Mas muitos religiosos não compreendem o processo necessário para experimentar o poder que Joseph Smith chamou de poder que vem da fé. É importante entender que esse poder vem de Deus. É seu dever aprender a confiar em Deus, porque sem os poderes celestiais somos extremamente limitados em tudo, o que poderíamos alcançar pela fé em várias áreas da vida.

Você já havia pensado nisso? Se sim, parabéns, continue se aprofundando em seus estudos; senão, sem problemas, segue aqui algo que pode mudar sua vida para sempre em todas as áreas. Vejamos, nas escrituras aprendemos o seguinte:

"Tudo o que **pedires** ao Pai em nome de Cristo com **Fé acreditando** que recebereis vos será dado" (ver no dicionário o significado da palavra "tudo").

É importante observar que não basta apenas pedir a Deus, é preciso ter fé, acreditar e principalmente entender que Deus não nos dá nada, pois se assim fosse não haveria desigualdade no mundo, Deus nos dá condições para obtermos tudo o que desejarmos, não basta somente pedir se nada fizermos, não adianta pedirmos e ficarmos esperando cair do céu o milagre.

Existe um preço que precisamos pagar; um exemplo clássico é o do jovem rico que desejava vida eterna, mas não queria pagar o preço. Ver Mateus 19:16-30 e Lucas 18:18-30.

Lições importantes da parábola do jovem rico:

A parábola do jovem rico nos ensina lições importantes sobre como devemos viver nossas vidas.

- Em primeiro lugar, recorda-nos a importância de colocar Deus em primeiro lugar na nossa vida e de não nos deixarmos levar pela busca de bens materiais.
- Em segundo lugar, ensina-nos a ser generosos e a separarmo-nos das nossas posses e do nosso bem-estar.
- Em terceiro lugar, ensina-nos a ser humildes e a nunca nos considerarmos superiores aos outros. Finalmente, ensina-nos a valorizar a vida eterna acima de tudo e a buscar a salvação por meio de Jesus Cristo.

Resumo

O que aprendemos com a parábola do jovem rico?

A parábola do jovem rico é um importante lembrete da necessidade de colocar Deus antes de tudo, de ser generoso e altruísta e de permanecer humilde. Se colocarmos Deus em primeiro lugar, praticarmos a generosidade e permanecermos humildes, seremos recompensados com verdadeiras riquezas no céu.

Em muitos momentos de nossas vidas, queremos receber a graça, mas não queremos dar nada em troca. Depois questionamos em nosso coração: "Eu peço, Deus não me dá"; "Deus não me abençoa"; "Deus me abandonou", entre outras falas de revolta. No decorrer deste livro, você vai entender melhor esse assunto.

Através da fé como um princípio de poder, alcançamos certas coisas e experiências que de outro modo nunca poderíamos.

O exemplo a seguir ilustra o papel que a fé desempenha em nos motivar a continuar buscando os poderes do céu em uma oração honesta efetivamente e não apenas com palavras.

Uma senhora chamada Maria da Penha ficou viúva aos 33 anos, precisou mudar de cidade com suas três filhas, que ainda eram menores. Deixando tudo para trás, Maria passou por muitos desafios, mas sempre foi uma mulher de muita fé e coragem. Moraram por 23 anos de aluguel e antes de completar 24 anos no aluguel ela teve uma conversa com Deus, explicando a Ele sua situação em uma oração honesta efetivamente e não apenas com palavras:

"Senhor, eu não quero morar mais um ano no aluguel, estou ficando de idade avançada e meu marido também, não sabemos o que iremos enfrentar nos próximos anos. Se estivermos no aluguel, será muito mais difícil".

Maria não tinha o dinheiro para comprar casa ou algum terreno, mas disse em seu coração: "Senhor, vou colocar os pés na água e creio que o mar vai se abrir". Assim foi, pela fé, olhando casas e terrenos para comprar.

Um dia encontrou um anúncio de um terreno e foi até o local com um consultor de imóveis. Maria fechou negócio sem saber de que fonte viria o dinheiro. Então saiu do local, foi ao banco com seu esposo e eles conseguiram realizar um empréstimo com o valor exato do terreno, nem mais nem menos. Dias e semanas depois Maria mais uma vez conversou com o Senhor e disse:

"Senhor, sou grata pelo Senhor me dar meios para comprarmos o terreno, mas agora, Senhor, precisamos construir". De repente o telefone tocou, era o consultor de imóveis perguntando: "Vocês têm algum bem para vender?". Maria respondeu que não.

Foi quando seu esposo se lembrou de um terreno que já tinham tentado vender várias vezes e nunca obtiveram sucesso. "Tem documento do local?", perguntou o consultor. "Sim", respondeu o esposo de Maria.

Dividiram o terreno em dez lotes, o país estava em crise, o local era perigoso, por ter muitas serpentes, não tinha luz e quem possuía casas no local estava vendendo. Era uma situação difícil que não dependia somente da fé de Maria. Mas Maria continuou acreditando que o mar se abriria e que Deus proveria um cordeiro (Gênesis 22:1-19).

Em uma manhã de sábado, a campainha tocou. Maria foi abrir a porta e era um amigo que há muito não se viam, com boas novas. Disse o amigo: "Soube que vocês compraram um terreno. Olha, estou com uma empreiteira e posso fazer a casa para vocês, com todo meu material, vocês me pagam 10 mil por mês, entrego tudo pronto para vocês".

Maria olhou para o esposo e disse: "Pode assinar o contrato". O esposo ficou espantado, sem saber de onde viria o dinheiro, mas assinou. Maria acreditou e confiou em Deus até o último momento: a cada mês um lote era vendido, assim Maria pagava a empreiteira, hoje mora em sua casa e está feliz, continua buscando os poderes do céu em uma oração honesta efetivamente e não apenas com palavras. A fé inclui esperança e crença em coisas que não se veem, mas que são verdadeiras, o justo pela sua fé viverá. Ver Hebreus 11:1; Romanos 10:14-17; Mateus 9:22 e Atos 3:16.

Quais foram meus sentimentos até aqui?
_____
_____
_____
_____

A FÉ FUNCIONA

O exemplo a seguir ilustra o papel que a fé desempenha em nos motivar a agir.

Muitos desejos justos são de natureza muito pessoal e devem ser seguidos pela fé individual, porém há alguns desejos que justificam ou exigem a fé de mais de uma pessoa.

Devemos estar cientes da fé ou da falta dela dos outros. Em alguns casos, a falta de fé da maioria suprime a fé dos justos em minoria. Em outras palavras, em alguns casos os desejos dos justos não são realizados, mesmo que haja um entre eles que tenha fé suficiente para fazer fluírem as forças celestiais.

Sem dúvida, há muitos casos em que a influência de poderes celestiais exige o exercício da fé coletiva. Na obra de Deus, a falta de fé das pessoas envolvidas na causa pode interromper a influência do espírito nos esforços ao instruir famílias e indivíduos. Da mesma forma, a falta de fé de muitas pessoas pode enfraquecer o espírito de uma reunião da igreja.

Um indivíduo com grande fé pode apelar para as forças do céu, mas o processo torna-se mais fácil se mais de uma pessoa acreditar na realização do desejo. Quando alguém está doente, a fé comum de todos dirige as forças do céu. Obviamente, a grande fé de uma pessoa pode ter um grande impacto quando, em última análise, a fé ou a falta de fé de todos os envolvidos determinará se a cura ocorrerá ou não.

Se quisermos ser eficazes em chamar as hostes celestiais pela fé, devemos fazer tudo o que pudermos para ensinar o processo a outros. Se trabalharmos firmemente para esse propósito, podemos ser um instrumento eficaz para ensinar a muitos outros como invocar as forças celestiais.

Descobrimos que, à medida que outras pessoas com quem nos associamos aprendem a exercer fé, o poder do céu sustenta extraordinariamente o trabalho do grupo.

Quando aprendermos a usar a fé coletiva com frequência, o resultado será um derramamento dos poderes celestiais que abençoará a vida de milhares.

Capítulo II

FÉ E PODERES CELESTIAIS

Se desenvolvermos fé básica em todo o plano de salvação, vivendo em retidão, nos arrependendo de nossos pecados, buscando os poderes do céu em uma oração honesta efetivamente e não apenas com palavras, receberemos um testemunho do amor e do poder que vem de Deus.

Esse tipo de fé é que libera as forças do céu. Com esses poderes, podemos realizar desejos justos que requerem a ajuda do Senhor, como encontrar e manter um bom emprego, ser dono do seu próprio negócio, obter sua casa própria, alcançar um casamento desejado, vencer um mau hábito, ver alguém convertido, falar com o poder do Espírito Santo e muito mais. Precisamos aprender a orar a Deus não apenas com os lábios, e sim com todo o coração, ou seja, real intenção. Ver Isaías 29:13 e Mateus 15:8.

Quando nos encontramos em situações em que a fé parece vacilar, corremos o risco de inadvertidamente recusar a Deus a oportunidade de intervir e nos auxiliar em meio às complexidades da vida diária. Nas Escrituras, somos instruídos acerca do papel vital que a fé desempenha na ativação de poderes celestiais específicos. Uma verdade fundamental emerge das páginas sagradas: a realização de milagres está intrinsecamente ligada ao exercício da fé. É revelado que nenhum ser humano jamais desencadeou manifestações miraculosas sem antes investir e demonstrar fé, estabelecendo, assim, uma conexão crucial entre a fé e a ativação desses fenômenos divinos.

Essa compreensão profunda ressalta que a fé não é apenas uma crença abstrata, mas uma força dinâmica que influencia e molda a realidade espiritual e, por conseguinte, a experiência cotidiana. Quando a fé é colocada em prática, ela se torna uma espécie de chave que desbloqueia potenciais celestiais anteriormente inacessíveis. Portanto, ao negar ou subestimar a importância da fé em nossas vidas, podemos inadvertidamente limitar a intervenção divina que poderia transformar nossas circunstâncias.

Ao ponderarmos sobre esses ensinamentos, somos chamados a reconhecer a interconexão vital entre a fé e a manifestação de milagres. A atitude de confiança e a convicção firme não são apenas requisitos para a espiritualidade, mas também são os catalisadores que possibilitam a expressão tangível do divino em nosso dia a dia. Assim, ao cultivarmos uma fé robusta, não apenas fortalecemos nossa relação com o sagrado, mas também abrimos as portas para uma colaboração mais profunda e milagrosa com Deus em todos os aspectos de nossa jornada terrena.

É importante entender que o céu em nossas vidas é controlado pela fé; em outras palavras, a mão do Senhor está atada enquanto não acreditarmos. Assim como a fé sem obras é morta (Tiago 2:1):

"O Senhor pode fazer tudo de acordo com Sua vontade para os filhos dos homens, se eles acreditarem nele";

"Sem fé você não pode fazer nada";

"Não rejeites o poder de Deus, porque ele opera com poder, de acordo com a fé dos filhos dos homens";

"Pois eis que eu sou Deus; e eu sou um Deus de milagres... e não trabalharei com os filhos dos homens, exceto de acordo com sua fé";

"E eis que uma mulher que tinha um fluxo de sangue por doze anos veio por trás dele e tocou na orla de suas vestes. Disse a si mesma: se eu apenas tocar em suas roupas, terei saúde. E Jesus voltou e disse: Tem bom ânimo, filha, a tua fé te salvou. E imediatamente a mulher foi curada" (Mateus 9:20-22);

"E ele não fez muitas coisas poderosas lá por causa da incredulidade deles" (Mateus 13:58).

Por exemplo: se nos faltar fé, podemos passar horas nos preparando para ensinar uma classe da escola dominical e ainda assim não alcançar o coração dos alunos. Não importa quanto tempo dediquemos à tarefa, nosso mais alto nível de desenvolvimento é limitado, a menos que aprendamos a exercer a fé necessária para receber o poder e a força adicionais de Deus disponíveis para nós.

Vejamos que muitos são motivados a pagar o dízimo; há um número significativo que, ao contrário, nega a si mesmo todas as bênçãos que advêm do pagamento do dízimo, porque lhes falta a fé necessária para que o Senhor os abençoe por observarem a lei do dízimo. Devemos entender que o dízimo é apenas parte da lei. Toda lei exige que acreditemos que se permite que Deus nos abençoe por pagarmos o dízimo.

O mesmo princípio se aplica a tudo em nossa vida, é importante que entendamos as leis, que saiamos do piloto automático realizando tarefas e passando pela vida sem saber as razões pelas quais estamos realizando tal tarefa.

Vejamos: por que uma pessoa não sai atravessando a rua no sinal vermelho? Por que não colocamos a cabeça na boca de um leão selvagem?

É obvio que existe uma lei: se atravessar no sinal vermelho, vai ser atropelado; se enfiar a cabeça ou qualquer parte do corpo na boca de um leão selvagem, será morte certa. Ou seja, entendemos essas leis, e assim é para tudo: precisamos entender a lei na qual se baseia e viver retamente diante de Deus para assim obtermos os desejos justos de nosso coração realizados.

Há milhares de bênçãos que Deus deseja conceder a cada um de nós se apenas exercermos fé para permitir que tais bênçãos fluam. Em outras palavras: vivendo uma vida reta e se nossa fé fosse maior, receberíamos mais bênçãos que o Senhor quer nos dar e pelas quais somos dignos por causa de uma vida justa. O processo da colheita, que em certas circunstâncias requer a ajuda das forças celestiais, é um excelente exemplo de fé como força motriz para a ação: pedir, buscar e bater (Mateus 7:7-8). Deus confia em seus filhos e espera o mesmo de nós, mesmo sabendo de nossas fraquezas. Devido a isso enviou seu filho, Jesus Cristo, para que pudéssemos nos arrepender e nos tornar melhores a cada dia (João 3:16).

Analisemos: nossa fé no processo da vida nos motiva a semear a semente, regar todos os dias etc. No entanto, essas sementes são ameaçadas por perigos naturais como a seca ou, como está relatado em Êxodo (10:12-13), os gafanhotos que comeram toda a erva da terra do Egito.

Diante da iminência de um perigo potencial para a plantação, torna-se crucial buscar a intervenção divina para preservar a colheita até o momento crucial. Considere agora o caso de uma pessoa reservada incumbida da desafiadora tarefa de falar em público: a fé emerge como a força que instila confiança, capacitando-a a perseguir essa meta com coragem e determinação. Se essa pessoa confiar unicamente na crença que a impulsiona à ação, o tempo necessário para desenvolver a coragem necessária para falar em público será consideravelmente reduzido.

Neste contexto, a fé não apenas fornece a confiança essencial, mas também atua como um catalisador que impede a procrastinação e estimula prontidão para enfrentar esse desafio específico. A dependência da fé não é apenas uma mera crença; é um compromisso ativo, uma convicção que impulsiona a pessoa a superar as barreiras do medo e a se preparar de maneira mais eficaz para a tarefa iminente. Assim, ao confiar nos poderes celestiais, essa pessoa não apenas preserva sua plantação, mas também se capacita a superar seus próprios limites, transformando a fé em uma ferramenta dinâmica para alcançar objetivos desafiadores.

No entanto, se ele usar a fé necessária para despertar as forças celestiais, sua autoconfiança será facilitada pelo espírito e ele poderá falar ao público com mais segurança e confiança.

O papel da fé na motivação e a força que dela provém se aplicam a todas as regras do aprendizado pelo poder do céu.

FÉ É A GRANDE CHAVE

Durante nossa vida temos que fazer muitas coisas que não podemos alcançar com certo nível de excelência sem a ajuda do Senhor. Há muitas coisas que temos que fazer todos os dias que faríamos muito melhor se soubéssemos como invocar as forças celestiais. Para atingir todo o nosso potencial, devemos aprender a exercer fé constante que leva o Senhor a nos ajudar a alcançarmos objetivos e expectativas que não teríamos alcançado sem a ajuda Dele. Exercer esse tipo de fé envolve certo processo.

Se não vivermos de acordo com os princípios e as leis de Deus — por exemplo, pureza de pensamentos e ações, motivos corretos, obediência, devoção, adoração e comunhão —, não podemos exercer a fé que flui dos poderes celestiais.

O Senhor ordenou o seguinte: "Para isto te mantive, para mostrar o meu poder" (Êxodo 9:16); O versículo original do livro de Provérbios 3:27 é:

"Não deixes de fazer o bem àquele a quem o é devido, estando na tua mão o poder fazê-lo." (Provérbios 3:27)

Quando guardamos os mandamentos do Senhor, vivemos as leis de Deus, cumprimos obedientemente nossos deveres para com Deus, abstemo-nos de conversas impróprias, entre outras coisas, podemos convocar os exércitos do céu para nos abençoarem espiritualmente e materialmente (Salmos 119).

"Eu, Senhor, estou obrigado se fizeres o que eu digo, mas se não o fizeres, não tens promessa" (Josué 23:14; 1 Reis 8:23).

Portanto, a fé só pode ser praticada por aqueles que vivem por ela. Os princípios da verdade de Deus. Quanto à nossa dignidade pessoal, devemos estar cientes da importância de sermos verdadeiros e honestos em nossos pensamentos e atitudes, principalmente quando estamos sozinhos.

DESEJO CORRETO E A FÉ

O desejo correto é fundamental para definirmos nossos objetivos e direcionarmos nossas ações de maneira consciente e focada. Ter clareza sobre o que queremos e buscar alinhar nossos desejos com nossos valores e propósito de vida é essencial para alcançarmos a felicidade e realização pessoal. Quando temos um desejo correto, sentimos motivação e determinação, e nos mantemos persistentes diante dos desafios que possam surgir. No entanto, de nada adianta termos um desejo correto se não tivermos fé.

A fé é a confiança inabalável em nossas capacidades, nas forças superiores e no próprio universo significa acreditar que tudo é possível e que, mesmo diante das adversidades, podemos encontrar soluções e superar obstáculos. Com fé, somos capazes de transformar nossos sonhos em realidade, pois nos mantemos positivos, resilientes e focados, mesmo nos momentos mais difíceis. Portanto, é preciso cultivarmos o desejo correto, que esteja alinhado com nossos valores e propósito, e fortalecermos a nossa fé, para que possamos enfrentar os desafios da vida com coragem, determinação e confiança. Lembre-se de que juntos somos mais fortes e, com o desejo correto e a fé como nossos aliados, podemos alcançar o que desejamos e viver uma vida plena e significativa.

O Senhor prometeu dar aos homens de acordo com os desejos de seus corações: "Tudo é possível ao que crê" (Marcos 9:23). Devemos pedir ajuda ao Senhor; devemos buscar orientação divina para sermos melhores espiritual e materialmente; devemos querer sabedoria e desenvolver discernimento; devemos saber que podemos conseguir o que queremos e que, se quisermos algo e acreditarmos no Senhor, nossos desejos serão realizados.

Se estivermos com dúvidas no coração ou falta de confiança em Deus, infelizmente não alcançaremos os resultados que deveríamos, mas pelo menos parcialmente as rodas de nossas carroças deslizam, sem que possamos ir mais longe. Talvez seja errado não termos desejado de todo o coração alcançar algum objetivo. Talvez ainda não tenhamos tomado a decisão de que podemos e iremos realizar muitos objetivos nesta vida, sejam eles de caráter material ou espiritual.

Agora, francamente, realizar muitos ou poucos objetivos, neste período em que nos encontramos aqui nesta terra, depende muito de nosso estado de espírito. Por mais que Deus queira nos ajudar, se não aprendermos a depositar nossa confiança Nele suas mãos estarão atadas para derramar as bênçãos sobre nossas vidas.

Muitas pessoas dizem quando veem um instrumento musical: "Eu daria qualquer coisa para poder tocar bem este instrumento". Mas elas nunca pagariam o preço, praticando todos os dias durante anos para desenvolver suas habilidades. Se realmente queremos algo, temos a motivação necessária para atingir nossos objetivos. Ao contrário, se não for um desejo sincero, não estaremos dispostos a pagar o preço necessário para realizá-lo.

As atitudes e os desejos são formados como resultado direto do que pensamos. Quando uma pessoa opta por não usar seu livre-arbítrio para direcionar seus pensamentos, ela deixa aberta a sugestão à dimensão mental que rege seus desejos. A menos que tentemos controlar e direcionar nossos pensamentos, nossos desejos e atitudes são influenciados principalmente por adversários, outras pessoas, música, filmes, televisão, rádio, jornais, redes sociais e muitas outras distrações.

Então temos a escolha de direcionar conscientemente nossos pensamentos ou permitir que outras fontes dirijam nossos desejos e atitudes. Somos responsáveis por nossos pensamentos, portanto, como filhos de Deus, somos responsáveis por nossas atitudes e desejos, nossos pensamentos guiam nossos desejos interiores. Somos industriosos ou indolentes; atraentes ou impossíveis; fiéis ou desobedientes; confiáveis ou duvidosos; bem-sucedidos ou fracassados, de acordo com nossas atitudes.

Se realizamos ou não desejos justos, depende muito da dimensão de nossa mente, por isso é importante que aprendamos a controlar nossos pensamentos e manter o foco em nossos desejos justos.

Se você está lendo este livro pela primeira vez, responda à seguinte pergunta por escrito: "O que é desejo?". Explique como a falta de desejo e fé leva ao fracasso em outras áreas da vida. Se possível, discuta suas respostas com alguém que também esteja lendo este livro.

Como invocar a Deus, honesta e efetivamente, não apenas com palavras

Capítulo III

O QUE GOVERNA A FÉ?

PRINCÍPIOS QUE GOVERNAM A FÉ

ESCOLHA O DESEJO CERTO

Para despertar as forças do céu, devemos decidir sistematicamente: o que queremos que o Senhor nos ajude a alcançar? É impossível para nós exercer fé no poder do céu disponível para nós sem uma meta específica em mente, precisamos ter sempre um objetivo em mente como uma prioridade.

A falha mais séria na fé de uma pessoa é que ela não tomou decisões concretas sobre as coisas em que deseja que o Senhor a ajude. Por exemplo, a menos que decidamos absolutamente que queremos ajudar alguém, a probabilidade de que desempenhe um papel importante na vida de alguém é muito pequena. "Aqui vos digo que, a todo aquele que indubitavelmente crê em Cristo, tudo o que pedir ao Pai em nome de Cristo será dado; e essa promessa se estende a todos, até o fim do mundo."

Em nosso relacionamento com o Senhor, a necessidade de pedir bênçãos especiais é um requisito absoluto. Compromisso por si só não é suficiente, é necessário que peçamos bênçãos.

É importante que tenhamos fé para agirmos, não apenas deixar tudo com Deus, como no famoso ditado popular usado muitas pessoas, principalmente por muitos cristãos que ainda não compreenderam esse princípio básico que governa a fé: "Deus já sabe o que eu preciso, não preciso perturbar Deus pedindo as coisas". Aí está o erro, precisamos estar atentos, porque as escrituras nos dizem claramente que precisamos pedir a Deus (Mateus 21:22; Mateus 7:7; Tiago 1:5).

Motivos puros são um pré-requisito para a capacidade de convocar: "Mas buscai primeiro o reino de Deus e a sua justiça, e todas as coisas vos serão dadas" (Mateus 6:33). O Senhor não nos dita o que devemos procurar, temos a responsabilidade de assegurar que nossos desejos sejam corretos; quando nossos motivos são puros, podemos ser inspirados a decidir o que queremos alcançar.

A busca de desejos justos e especiais é muito importante em nossa vida. Spencer W. Kimball disse o seguinte sobre as metas:

"Acreditamos no estabelecimento de metas, vivemos por elas, nos esportes, sempre marcamos gols, na música, na dança, quando formos para a escola, nossa meta é se formar e receber um diploma. Toda a nossa existência está orientada para atingir objetivos.

Para progredirmos, devemos estabelecer metas, isso é alcançado através de avaliações regulares, como os nadadores, corredores e saltadores fazem; o progresso é facilitado quando monitoramos, medimos e avaliamos nosso desempenho; quando trabalhamos em direção a uma meta de longo prazo, elevamos nossas mentes e agimos com maior comprometimento.

Os objetivos devem ser sempre colocados numa posição que nos obrigue a atingi-los, seria mais adequado se calmamente definíssemos e estabelecêssemos alguns objetivos pessoais válidos e tentássemos melhorar escolhendo algumas coisas que iremos alcançar em um determinado período de tempo; durante um período de tempo, mesmo se estivermos indo na direção certa, a menos que tenhamos motivação pessoal, as metas terão pouco efeito".

Se você estiver lendo este livro pela primeira vez, responda às perguntas a seguir, por escrito. Se possível, discuta a resposta com alguém que também esteja lendo este livro. Sempre que reler este livro, pergunte si mesmo: "Estou estabelecendo metas consistentes?". Se não, decida fazê-lo.

O PAPEL DA FÉ NA REALIZAÇÃO DOS OBJETIVOS

Quando estabelecemos objetivos pessoais, devemos nos certificar de que eles estão de acordo com duas categorias principais:

METAS ATINGÍVEIS COMO RESULTADO DA FÉ QUE NOS FORTALECE: essas são as metas que vemos claramente em nossas mentes; as maneiras pelas quais podemos alcançá-las são por meio de resoluções e determinação; por exemplo: acordar todas as manhãs às 6h; dominar nosso idioma e não criticar os outros; estudar as escrituras por um certo número de horas por semana etc.

METAS QUE EXIGEM UMA DECLARAÇÃO CELESTIAL, QUANDO NÃO SABEMOS COMO ALCANÇÁ-LAS: essas são metas que não podem ser alcançadas sem a ajuda do Senhor; exigem que O invoquemos como um princípio de força na busca de um objetivo; a fé que nos motiva a perseverar possibilita o alcance de alguns objetivos, mas a fé como princípio de poder de poderes celestiais é que pode nos ajudar a cumpri-los; por exemplo: ajudar alguém a se converter; ter uma oportunidade de ser autossuficiente financeiramente; ter o primeiro namorado; se casar; ter o próprio negócio, entre outros.

Quando estabelecemos metas que não podem ser alcançadas, ou que não podem ser alcançadas sem a ajuda do Senhor, devemos lembrar constantemente que o processo da fé exige que mobilizemos forças do céu; ficaremos desapontados se definirmos uma meta que exige a ajuda dessas forças para alcançá-la e não exercermos a fé necessária para permitir que Deus nos ajude a alcançar essa meta específica. É extremamente importante perceber o papel da crença, que é a chave para o alcance de muitos outros objetivos.

APRENDENDO SOBRE COMPROMISSO

É importante lembrar que um desejo não pode ser considerado uma meta até que estejamos prontos para nos comprometer e decidir fazer tudo o que pudermos para que isso aconteça. Não devemos confundir as coisas que simplesmente pretendemos alcançar com as coisas que escolhemos alcançar. Muitos objetivos requerem uma decisão pessoal de nossa parte, por exemplo: líderes religiosos, professores etc.

Em alguns casos, devemos estar prontos para prometer ao Senhor que faremos certas coisas para chamar as forças celestiais, por exemplo: estudo regular das escrituras, viver os ensinamentos de Jesus Cristo não apenas por palavras, e sim por atitudes internas e externas com mais frequência, jejuar mais conscientemente, vencer uma certa fraqueza, ser um verdadeiro cristão, ou seja, não ter uma vida de aparências somente para que a sociedade e os líderes religiosos vejam e às escondidas viver aprontando etc.

Devemos desenvolver fé absoluta na promessa do Senhor: "Eu, o Senhor, estou obrigado se fizeres o que eu digo; mas se não fizeres, não tereis promessa alguma" (Jos. 23:14; 1 Reis 8:23).

OBTENÇÃO DE DONS ESPIRITUAIS

A aquisição dos dons espirituais desempenha um papel fundamental na melhoria substancial de nossa capacidade de alcançar objetivos, especialmente aqueles guiados por desejos justos. Ao empreender a busca por esses dons, nos deparamos com uma fonte vital de auxílio que transcende as barreiras do tangível.

Estes dons espirituais, oferecidos generosamente, constituem uma ferramenta poderosa para o desenvolvimento abrangente de nossas vidas. Ao nos sintonizarmos com os dons do Espírito, somos agraciados com uma orientação celestial que permeia todos os aspectos de nossa existência. Essa busca ativa por dons espirituais não apenas fortalece nossas habilidades, mas também catalisa uma transformação profunda, afetando não apenas nossa mente e espírito, mas também se estendendo à renovação física de nossos corpos.

A obtenção desses dons não é apenas uma concessão divina, mas um convite para uma parceria ativa com o transcendental. Eles se revelam como recursos essenciais que, quando incorporados em nossas vidas diárias, promovem um equilíbrio holístico. Dessa forma, a jornada em direção à realização de nossos objetivos torna-se mais enriquecedora, impulsionada por uma energia renovadora que emana desses dons espirituais.

Ao abraçarmos conscientemente esses presentes do Espírito, não apenas melhoramos nossa eficácia na busca de metas justas, mas também experimentamos uma metamorfose interna e externa. Os dons espirituais, portanto, não são apenas meios para um fim; são vias para uma transformação completa de nossa existência, proporcionando um caminho mais profundo rumo à plenitude e à realização de nossos mais nobres propósitos.

O Senhor prometeu que se uma pessoa acreditar em seu pleno potencial os dons espirituais estarão disponíveis para nos ajudar em todas as áreas de nossa vida quando os procuramos. "Você sabe que precisa do Espírito Todo-Poderoso para olhar através de uma pessoa e discernir o que está em seu coração, quando ela sorri e suas palavras fluem suavemente como óleo."

"O Senhor Jesus Cristo nas revelações nos falou, o espírito da verdade revela tudo, conduz-nos a Deus, o centro de toda a luz, onde a porta se abre e a luz ilumina a mente, para que possamos ver, conhecer e ver as coisas como realmente são."

O Senhor espera que busquemos sinceramente com fé para recebermos certos dons espirituais: "e peço-vos, meus queridos irmãos, que vos lembreis de que toda boa dádiva vem de Cristo, ele é o mesmo ontem, hoje e sempre; e que todos os dons de que falei são espirituais, nunca perecerão enquanto o mundo existir, exceto pela incredulidade dos filhos dos homens".

Ao percorrermos a trajetória da vida, é essencial internalizar a profunda significância por trás dos dons espirituais, que são concedidos com um propósito sublime: "manifestar o Espírito de Deus aos homens, para benefício deles". Cada um desses dons, generosamente estendidos pelo divino, é uma expressão do desejo de compartilhar a essência do transcendental para enriquecimento e benefício da humanidade.

Estes dons do Espírito, ao contrário de serem meramente acessórios à existência, revelam-se como fontes de auxílio e sabedoria divina, disponíveis para nos guiar em todos os aspectos da vida. Ao buscarmos conscientemente esses dons, iniciamos uma jornada de descoberta e aplicação prática, encontrando auxílio nas situações mais complexas e orientação nos momentos de dúvida.

Assim, ao nos voltarmos para os dons espirituais em busca de auxílio, abrimos portas para um entendimento mais profundo da presença divina em nossa jornada terrena. Esses dons não são apenas recursos estáticos; são canais dinâmicos de comunicação entre o transcendental e o cotidiano. Cada um deles, com sua singularidade, visa não apenas a nossa iluminação pessoal, mas também a contribuição para o benefício coletivo da humanidade.

Portanto, ao longo da vida, a lembrança constante dessa dádiva divina nos incentiva a explorar ativamente esses dons espirituais, reconhecendo a sua importância não apenas para nosso próprio desenvolvimento, mas também para o bem maior da comunidade global. Cada ato de busca por esses dons é, por si só, uma manifestação do anseio pelo divino, uma busca pelo enriquecimento espiritual e pelo benefício coletivo que transcende as fronteiras do individualismo.

Por exemplo, haverá momentos em que teremos que trabalhar longas horas em nosso local de trabalho ou deveres na igreja. Temos direito ao dom do Espírito, que literalmente resulta na renovação de nossos corpos, o Senhor prometeu que, se uma pessoa acreditar, "ela não se cansará, seu espírito não será perturbado nem o seu corpo, membros e juntas".

"Desfruto genuinamente da oportunidade de interagir com pessoas, independentemente de sua inclinação religiosa, e de ouvi-las compartilhar suas perspectivas. Ao fazer isso, percebo a influência que as envolve, uma força que vai muito além das palavras proferidas. Essa experiência revela a verdadeira posição daqueles que dedicam suas vidas ao serviço de sua divindade.

Não preciso observá-los discursar para compreender a profundidade de seus sentimentos. A expressão de sua fé, ou até mesmo a ausência dela, se manifesta de maneiras mais sutis, através de gestos, expressões faciais e na atmosfera que os envolve. Esta consciência torna-se ainda mais evidente durante encontros em espaços públicos, residências, escritórios ou locais de trabalho.

Percebo que, em cada interação, essas pessoas irradiam uma aura que revela a natureza da influência que as moldou. Não se trata apenas do que dizem, mas do que emanam. Essa influência, por vezes indescritível em palavras, contém as marcas profundas de suas crenças, valores e compromissos. Ao contemplar uma reunião de indivíduos, é como se a essência de suas convicções se tornasse tangível, criando uma atmosfera que transcende a mera comunicação verbal. Essa é a magia da presença autêntica, uma expressão que vai além das palavras faladas e nos permite compreender a riqueza e a complexidade dos corações daqueles que se dedicam ao serviço de sua divindade."

Esse conhecimento é obtido através dessa influência invisível que segue os seres inteligentes, o discernimento é demonstrado muitas vezes nas escrituras: "Um homem chamado Ananias, com sua esposa Safira, vendeu uma propriedade e ficou com parte do preço, porque sua esposa também sabia disso, participou e colocou aos pés dos apóstolos, então Pedro disse: 'Ananias, por que Satanás encheu o seu coração, para que você mentisse ao Espírito Santo e retivesse parte do preço da terra'?".

Se você guardasse, não ficaria com você? E depois da venda, não ficaria com você? Por que você criou esse desejo em seu coração? Você mentiu não para os homens, mas para Deus, e Ananias, ouvindo essas palavras, caiu e morreu" (Atos 5:1-10).

Quando nos comunicamos com outras pessoas, entendemos o que elas pensam e sentem, nossa capacidade de saber o que devemos dizer e fazer será muito melhorada, temos o direito de perceber quando as pessoas têm más intenções.

O dom de discernimento está disponível para nos ajudar em alguns de nossos assuntos, mas é nosso dever orar, sinceramente, para nos esforçarmos o máximo para que possamos entender os dons de discernimento, devemos pedir que nos seja dado esse dom e dizer ao Senhor por que o queremos, e explicar o que faremos com ele quando o Senhor nos conceder. Assim que recebemos e desenvolvemos o dom do discernimento, os nossos sentidos espirituais são fortalecidos e teremos a capacidade de sermos inspirados em todas as áreas da nossa vida.

O MAIOR DE TODOS OS DONS

A natureza dos dons do Espírito parece ser quase ilimitada, a própria fé é um dom do espírito, os dons do Espírito parecem surgir de necessidades especiais; portanto, não faria sentido recrutá-los. No entanto, o amor é um dom do espírito que é o maior de todos, somos exortados a buscar essa dádiva com toda a energia de nosso coração; a menos que um homem tenha amor, ele não é nada (1Coríntios 13:1-8).

Uma pessoa que cultiva o dom do amor mostra certas qualidades, é longânimo, bondoso, não é invejoso, não é orgulhoso, serve aos interesses dos outros, não se irrita facilmente, não tem pensamentos maus, regozija-se na verdade, suporta fraquezas e as provações desta vida mortal acreditando em toda a verdade a respeito de Jesus Cristo, mostra firme esperança em todas as promessas das escrituras e suporta tudo sem vacilar em sua devoção ao Senhor Jesus Cristo.

Reflexão

- Quantos de nós queremos receber os dons que Deus nos prometeu?
- Quantos que se ajoelham diante de nosso Pai celestial, com suas famílias ou em um lugar privado, procuram essas dádivas?
- Quantos pediram ao Pai que se revelasse com seus poderes e talentos em nome de Jesus Cristo?

Ou passamos os nossos dias com indiferença, como uma porta que vai e vem das almas, sem sofrimento, sem demonstrar fé, e estamos satisfeitos apenas por termos sido batizados por nunca termos faltado a uma reunião dominical e por sermos membros da igreja X ou Y, complacentes e inertes, pensando que nossa salvação está garantida, só porque já fizemos alguma coisa?

Deus é o mesmo hoje como ontem. Ele está pronto para dar a seus filhos o que Lhe pedirem, sei que Deus está pronto para curar os enfermos, dar-nos discernimento, sabedoria, conhecimento, e outros dons de que precisamos.

Se algum de nós for imperfeito, é nosso dever orar pelos dons que nos tornam perfeitos. Eu tenho uma imperfeição? Sim, estou cheia delas. Qual é a minha responsabilidade? Orar para que Deus me dê dons que corrijam esses defeitos. Eu sou uma pessoa que se irrita facilmente? Portanto, é meu dever orar por caridade.

Eu sou uma pessoa ciumenta? Devo, portanto, esforçar-me por receber o dom do amor sem inveja, e o mesmo se aplica a todos os dons de Deus; que ninguém diga: "Não posso evitar, essa é a minha natureza!", tal pessoa não seria justa, porque o Senhor prometeu nos dar o poder para corrigir tais coisas e nos dar dons que removem tais falhas, Ele nos dá os dons do Espírito (Tiago 4:1-17).

Quando adquiriremos o conhecimento e a compreensão desses dons?

- Se desejarmos;
- Se pedirmos ao Senhor para nos dar;
- Se organizarmos nossas vidas de acordo com as leis que governam os poderes do céu.

Aquele que declara não possuir dons está privado de fé; e engana-se aquele que acredita tê-la. Como lembra a Escritura em 1 Coríntios 12:7 "A cada um, porém, é dada a manifestação do Espírito, visando ao bem comum". Isso ressalta que, na jornada da fé, cada indivíduo é agraciado com dons divinos para contribuir para o bem coletivo. A negação de possuir dons pode, portanto, refletir uma falta de reconhecimento ou compreensão do potencial espiritual inato.

Se você está lendo este livro pela primeira vez, responda por escrito às seguintes perguntas:

O que farei para elevar o nível de minha fé?

Como estou em relação aos dons espirituais, incluindo discernimento?

Que dons espirituais e bênçãos especiais recebi ou desfrutei recentemente?

Tenho procurado constantemente obter um dom espiritual? Já procurei ou recebi o dom do discernimento?

Se possível, discuta suas respostas com alguém que também esteja lendo este livro.

_____

_____

_____

Como invocar a Deus, honesta e efetivamente, não apenas com palavras

_____
_____
_____

APRESENTANDO O CASO AO SENHOR

Depois de termos decidido nosso objetivo, o próximo passo é levar nosso caso ao Senhor, voltemo-nos para nós mesmos em fervorosa oração.

Explicamos por que escolhemos esse desejo, mas o mais importante é explicarmos em detalhes por que queremos que esse desejo se torne realidade.

Ao longo da história vemos que o Senhor responde a todas as orações daqueles que vão a ele com fé e apresenta fortes evidências para a proteção das bênçãos que desejam receber; nós literalmente temos que aprender a argumentar com o Senhor; se buscarmos forças celestiais para nos ajudar a realizar desejos justos, devemos apresentar nosso caso a nosso Pai celestial diariamente até que nosso desejo seja satisfeito.

Em relação ao nosso Pai celestial, devemos pedir para receber, somos muito gerais em nossos pedidos, precisamos aprender a ser mais diretos, específicos em nossa solicitação, e dizer o mais claramente possível o que estamos tentando alcançar. Quando somos mais específicos em nossas orações, aumentamos a probabilidade de que nossas orações sejam mais sinceras e apoiadas pela fé. Infelizmente, a maioria de nós não pede nada ao Senhor; exceto quando estamos em sérios problemas, ou seja, quando estamos desesperados tendemos a ser mais honestos em nossas orações, mas o ideal é que não esperemos morrer para sentirmos a alegria de viver.

Se não esperarmos chegar o desespero para invocarmos ao Senhor honesta e efetivamente, veremos que nosso relacionamento com nosso Pai celestial será muito melhor ao buscarmos continuamente Sua ajuda, ao perseverarmos em nossa busca por ajuda divina para a realização dos desejos justos de nosso coração.

Está claro que, se buscarmos receber a ajuda do Senhor para enfrentar problemas difíceis todos os dias, nossa capacidade de invocar as forças do céu será grandemente fortalecida.

Tendemos a esquecer o quanto dependemos de Deus quando não enfrentamos grandes problemas em nossas vidas, os eleitos são aqueles que não se esquecem do quanto dependem de Deus, devemos tentar ser sinceros em nossas orações diárias, mesmo que não estejamos enfrentando problemas difíceis.

Nossas orações podem ser poderosas se forem convincentes, porque uma oração poderosa é aquela que é ouvida e respondida. Se nossas orações não forem respondidas, pode ser porque não oramos com o poder da fé ou não oramos o suficiente ao Senhor para nosso propósito.

Uma parte crítica de nossos esforços para sermos eficazes ao apresentarmos nosso caso perante o Senhor é nossa responsabilidade em reconhecer nossas fraquezas; quando nos aproximamos do Senhor, precisamos ter uma compreensão de nossa fraqueza. Não devemos apenas ficar achando falta uns nos outros, devemos olhar para dentro de nós e realizar uma avaliação honesta para que assim possamos saber o que precisamos mudar. Muitas vezes vestimos a capa da salvação e da perfeição; consciente ou inconscientemente, cogitamos não precisarmos de mudança, devido ao fato de estarmos na igreja, e quem precisa de mudança são as pessoas sem uma religião etc. É muito importante mudarmos essa mentalidade pequena, pois todos nós precisamos afinar o instrumento

Como invocar a Deus, honesta e efetivamente, não apenas com palavras

sempre e sempre, para clamarmos ao Senhor de modo honesto e verdadeiro. Quando temos fé inabalável no desejo do Senhor de nos ajudar, podemos ser motivados a vencer nossas fraquezas; o Senhor está comprometido quando vê evidências de que uma pessoa está determinada a viver os mandamentos e ser generosa, um defensor do reino de Deus etc. Nosso relacionamento com Deus é regido por leis. Deus nunca é caprichoso (inconsistente) em Seu desejo de nos abençoar, Ele sempre nos abençoa de acordo com nossa fé e dignidade; se os tratos de Deus com as pessoas não fossem consistentes, Ele deixaria de ser Deus; ao buscar a ajuda do Senhor para realizar desejos justos, não podemos confiar apenas em orações em voz alta, desespero, lágrimas e soluços; quando nos depararmos com situações que nos fazem duvidar da nossa capacidade de realizar os nossos desejos, que o Senhor nos ajude a preservar uma atitude de fé, precisamos acreditar.

Devemos aprender a fazer orações silenciosas em nossa mente e coração com frequência ("E também te ordeno em voz alta e no teu coração...").

Se você está lendo este livro pela primeira vez, responda às seguintes perguntas por escrito:

Como devo apresentar meu caso perante o Senhor?

Já me peguei, estilo fariseus, orando para ser ouvido pelos homens e não por Deus?

Sou capaz de reconhecer minhas fraquezas? Por quê?

O que farei para ser melhor a cada dia?

O que farei para ser mais semelhante a Cristo?

Se possível, discuta suas respostas com alguém que também esteja lendo este livro.

PRATICAR A ORAÇÃO ESPIRITUAL

O processo de pensamento é a chave para praticar a fé. Na maioria das vezes, entendemos o que queremos dizer; em outras palavras, o que pensamos hoje, amanhã ou no próximo mês molda nossa atitude e determina o que conquistamos na vida, nossos próprios pensamentos influenciam nossas vidas mais do que qualquer outra coisa.

"Como alguém pode se tornar o que não quer dizer?"

E nenhum pensamento é pequeno demais, se constantemente entretido, pequeno demais para ter efeito.

"A divindade que molda nossos objetivos está, sem dúvida, dentro de nós."

Para mostrar fé, quando escolhemos uma ação digna, devemos lutar por aquilo que desejamos. Por exemplo: criar, reativar crianças em uma classe; a fé pode ser amplamente determinada por quanto tempo gastamos pensando em nosso desejo justo; se nossa mente não está ocupada com o que estamos tentando alcançar, não é desejo.

Não devemos confundir a preocupação causada pela dor e pela ansiedade com a preocupação relacionada com o exercício da fé; quando nossas mentes tendem a se concentrar nas consequências prejudiciais dos eventos, acreditamos que não podemos controlar a dor; por outro lado, quando nossas mentes se concentram nos possíveis resultados de ações que podemos controlar até certo ponto, estamos exercendo fé.

A mente é como um campo: colhemos o que plantamos; se cuidamos do que plantamos, devemos aprender a atender a esta advertência do Senhor: "Buscai-Me em todos os vossos pensamentos; não duvide, não tema" (Lucas 8:40-50). Estudos mostram que a maioria das pessoas só usa seus pensamentos para coisas construtivas em 10% do tempo, então sua fé é muito limitada, mas somos ordenados a não duvidar:

"Não duvide, mas acredite..."

Quando a dúvida e a incerteza permeiam, a fé encontra um solo infértil para florescer, pois a presença destas é como um anátema ao coração humano crente. Em conformidade com Hebreus 11:1, que declara que "a fé é a certeza daquilo que esperamos e a prova das coisas que não vemos", podemos compreender que a dúvida e a incerteza contradizem a essência mesma da fé. Portanto, um indivíduo imerso em dúvida e temor inevitavelmente carece de uma confiança sólida, resultando numa fé que se mostra frágil quando mais necessária. Pensar negativamente não requer esforço, mas manter uma mente confiante exige que façamos algum esforço durante um período de tempo, pelo processo da fé; o pensamento tem o mesmo efeito real que o esforço físico; mais do que qualquer outra coisa, nossos pensamentos são o fator determinante do que alcançamos em nossa vida.

CONTROLE DE NOSSA MENTE

Acreditar nos poderes do céu é um processo relativamente simples, mas requer esforço mental constante. Quando uma pessoa trabalha pela fé, fá-lo com força espiritual e não física. O esforço espiritual inclui os seguintes passos básicos:

1. Acostumamo-nos a estar conscientes dos nossos próprios pensamentos.
2. Aprendemos a examinar nossos pensamentos para determinar se eles aumentam ou diminuem nossa fé.
3. Se um pensamento enfraquece a nossa fé, substituamo-lo por outro baseado na fé. Como se lembrar da bondade de Deus, cantar um hino, memorizar a sua escritura favorita, pensando no quanto Ele quer nos abençoar, ou lembrar das inúmeras promessas das escrituras; que se pedirmos com fé, ele nos abençoará. Para treinarmos espiritualmente, devemos ter a capacidade de controlar nossa mente, não podemos permitir que ela seja facilmente distraída ou focada em alguma outra meta ou objetivo que queremos alcançar. Quando aprendemos a fazer esforço espiritual suficiente, conseguimos cultivar com sucesso a fé necessária para sermos competentes para receber o poder e a força da retidão que vem da fé.

Por exemplo: quando pedimos ao Senhor que nos dê Suas bênçãos, geralmente pensamos nas coisas que devemos fazer ou deixamos que as preocupações mundanas governem nossa mente? Na próxima vez que orarmos ou meditarmos, vamos ver se podemos controlar nossas mentes para não deixar nossos pensamentos vagarem enquanto comungamos com o Senhor; pense em como ficaríamos ofendidos se a pessoa com quem falássemos estivesse lendo um livro.

Da mesma forma, nosso comportamento ofende o Senhor quando falamos com Ele e deixamos nossos pensamentos vagarem; até que aprendamos a disciplinar nossa mente e a controlá-la totalmente, nossa capacidade de exercer a fé é muito limitada; todo o poder da mente só pode ser usado quando o focalizamos e focamos nossa mente em um objetivo específico.

"... se os teus olhos forem bons, todo o teu corpo receberá luz" (Mateus 6:22).

Quando permitimos que nossa mente divague e se concentre nas preocupações mundanas, temos menos capacidade de invocar o poder da fé, e nossa mente deixa de ser uma fonte de poder para nós; no entanto, descobriremos que, quando tentamos controlar e focar nossa mente, Satanás coloca pensamentos falsos nela para nos distrair de nosso objetivo. Se pudermos controlar nossa mente e não permitir que ela nos perturbe, poderemos exercer uma fé ilimitada e liberar as forças do céu.

"O maior mistério que o homem pode aprender é saber controlar sua mente e submeter todas as suas faculdades e poderes a Jesus Cristo; esse é o maior mistério que devemos aprender enquanto vivemos nesta tenda de barro."

Devemos lembrar constantemente que nossa mente é literalmente a chave que abre os poderes do céu, devemos aprender a controlá-la. A mente é o representante do Altíssimo vestido num tabernáculo mortal, portanto devemos aprender a disciplina-la e concentrar-nos num só assunto, impedindo que Satanás interfira, confunda e desvie do grande objetivo que temos em vista.

Se pudéssemos controlar nossas mentes, poderíamos controlar nossos filhos, nossas famílias e o reino de Deus; veríamos que tudo seria bom e muito mais fácil do que agora. Devemos controlar a nossa mente, para que não seja perturbada pelas circunstâncias ou preocupações que nos rodeiam, e concentrar todo o nosso poder nos objetivos que estamos buscando. Devemos controlar nossas mentes, para não nos distrairmos com as circunstâncias ou preocupações ao nosso redor, e concentrar toda a nossa energia em um poder específico, um problema específico que estamos tentando resolver ou as bênçãos que desejamos.

"Quando um homem treina sua mente para vagar de acordo com o espírito e faz com que toda a sua mente se concentre em suas ações e nos princípios de fé que permitem que ele receba o poder de Deus, mais fácil se torna seu conhecimento."

Em nossa sociedade moderna, a música muitas vezes se torna o "ópio" da mente. Ouvir boa música é útil, mas se uma pessoa a usa apenas como um hobby torna-se prejudicial.

Se uma pessoa passa muito tempo assistindo a jogos esportivos, mas não se exercita, seu corpo sofrerá. O mesmo é verdade para a mente. Se deixarmos a mente trabalhar em coisas que não exigem esforço, como ouvir música popular, ela e nosso espírito sofrerão muito.

Uma das melhores maneiras de focar mentalmente é criar uma imagem dos objetivos que estamos tentando alcançar e lembrá-los repetidamente, de forma clara; antes que possa ser realizado, o desejo deve ser criado mentalmente.

Por meio do processo de fé, vemos claramente em nossa mente o que podemos alcançar com a ajuda do Senhor; o privilégio de ver claramente em nossa mente o que podemos alcançar com a ajuda do Senhor é uma forma de visão, ver as coisas com os olhos da mente é ver "com os olhos da fé".

Podemos nos exercitar espiritualmente fazendo perguntas a nós mesmos e comparando cuidadosamente as diferentes respostas; ou explorando diferentes soluções para um problema, pesando cuidadosamente as possíveis consequências de cada alternativa.

Também podemos nos concentrar imaginando mentalmente situações; a mente pode simular qualquer coisa que estamos tentando alcançar, como passar em um exame, competir, fazer um discurso ou escrever um trabalho, aprender um instrumento musical e muito mais.

Todo esse processo pode ser facilitado se aprendermos de tempos em tempos a dedicar tempo à meditação.

REFLEXÃO NO CORAÇÃO

O dicionário diz que reflexão é: "avaliar mentalmente; deliberadamente, considerar mentalmente; contemplar". Esses períodos de silêncio devem ser dedicados apenas à oração (quando conversamos com o Senhor), ao almejar realizar um desejo específico, torna-se claro que, durante nossas orações, podemos direcionar nossa concentração de maneira exclusiva para nosso comportamento e aprofundamento do relacionamento com o Senhor. Nesse contexto mais detalhado, a busca pelo desejo certo envolve não apenas a expressão verbal das petições, mas também uma reflexão atenta sobre como nossa conduta e interação com o divino desempenham um papel vital nesse processo. Assim, ao nos dedicarmos à oração, é possível cultivar não apenas um pedido específico, mas também uma transformação interna que fortalece nossa ligação com o Senhor. No entanto, para mostrar maior fé, devemos aprender a focar nossas mentes em nossos desejos justos durante os muitos minutos em que não temos que focar mentalmente em qualquer assunto em particular. Isso pode acontecer quando nos preparamos para sair de manhã, quando comemos, dirigimos um carro, vemos uma mensagem de WhatsApp ou nos deitamos para descansar à noite.

A maioria das pessoas desenvolve maus hábitos mentais porque não tenta controlar ou direcionar seus pensamentos durante essas horas do dia. Indivíduos que não aplicam esforço para direcionar seus pensamentos, nem exercem controle sobre as divagações mentais, acabam sucumbindo à falta de domínio sobre seus pensamentos. Essas pessoas encontram dificuldade em concentrar-se nas questões que as desmotivam, pois a ausência de uma abordagem ativa e direcionada resulta em uma dispersão mental que favorece pensamentos desanimadores. Em essência, a falta de esforço na gestão dos pensamentos permite que as influências negativas ganhem espaço, minando a capacidade de foco e influenciando negativamente o estado de espírito. Por exemplo: amargura, insultos, inveja, ansiedade, brigas, ressentimentos, ou seja, que possamos ter em mente e aprender isto para toda a vida, lembre-se de que qualquer pensamento que te eleve e te faça feliz vem de Deus, porque Deus é luz, é amor, é alegria, é paz, e qualquer pensamento que te deixe para baixo, te deixando triste, oprimido ou te causando dor, com certeza não vem de Deus, e sim do diabo, que é inimigo de Deus e deseja que sejamos tão miseráveis quanto ele é.

Existem indivíduos que desenvolvem a capacidade de disciplinar a mente de maneira notável, concentrando-se intensamente em problemas específicos por longos períodos. Alguns exemplos notáveis incluem profetas, líderes religiosos e renomados inventores, como Isaac Newton e Albert Einstein. Esses grandes pensadores dedicaram extensas energias mentais a desafios específicos, com resultados notáveis que transcenderam o tempo.

Isaac Newton, por exemplo, imergiu-se profundamente na resolução de problemas matemáticos e mecânicos. Sua concentração intensa e persistente ao longo dos anos culminou em descobertas fundamentais que revolucionaram a compreensão da física e da matemática. Sua obra-prima, *Philosophiæ Naturalis Principia Mathematica*, publicada em 1687, desvendou as leis do movimento e a lei da gravidade, estabelecendo as bases para a física clássica.

Da mesma forma, Albert Einstein concentrou suas energias mentais em desafios profundos relacionados à física teórica. Sua dedicação extensa resultou na formulação da Teoria da Relatividade, um marco revolucionário na compreensão do espaço, tempo e gravidade. Einstein exemplificou como a disciplina mental intensa e a concentração prolongada podem levar a insights que transformam radicalmente nossa compreensão do universo.

Esses casos reais destacam a importância de disciplinar a mente e concentrar esforços persistentes em problemas específicos. Eles ilustram como a dedicação contínua pode gerar contribuições duradouras e impactantes, moldando os rumos da ciência e da compreensão humana.

Ao concentrarem toda a energia de seu intelecto na resolução de um determinado assunto ou problema, eles ganharam o controle de suas mentes e foram capazes de fazer muitas descobertas importantes. O mesmo se aplica a todos os outros.

O Élder Boyd K. Paker disse o seguinte: "Tenho um amigo que comprou um negócio. Não muito depois disso, ele fez uma curva desastrosa e parecia que não tinha saída. Finalmente ele ficou tão triste que não conseguia dormir, então por um tempo ele se acostumou a acordar às três da manhã e ir para o escritório. Lá ele meditava, orava com papel e caneta e anotava cada pensamento que lhe vinha à cabeça; para fornecer soluções possíveis ou ajudar a resolver seu problema. Logo ele tinha várias instruções a seguir e não demorou muito para escolher a melhor. Além disso, recebeu um prêmio adicional. Olhando através de suas anotações, ele encontrou muitas linhas ocultas que nunca havia notado. Ele saiu do problema mais independente e mais bem-sucedido do que se não tivesse sofrido essas provações. Essa experiência ensina-nos uma lição: cerca de dois anos depois, foi chamado para liderar uma missão no estrangeiro. Suas empresas se saíram tão bem por conta própria que, quando ele voltou de sua missão, não voltou para liderar as empresas. Agora seu negócio é administrado por outras pessoas e ele quase só se dedica a abençoar os outros".

ADORAR A DEUS

Quando nos concentrarmos na realização dos nossos objetivos (desejos), lembremo-nos constantemente de que, se mostrarmos a fé necessária, o Senhor nos ajudará a alcançá-los.

Aprender algo positivo em longo prazo pode ser difícil, porque temos que formar novos hábitos e novos hábitos não acontecem simplesmente da noite para o dia, exigem esforço contínuo.

Se, no decorrer de nossa caminhada, nos concentrarmos nos obstáculos que nos impedem de alcançar um objetivo, nosso desejo de alcançá-lo não é forte o suficiente para nos motivar a continuar. Quando concentramos nossos pensamentos na realização de desejos justos, servimos ao Senhor de todo o coração, força e mente.

Muitas vezes, quando tentamos servir ao Senhor com todas as nossas forças, tempo e energia, não fazemos o suficiente, porque não agimos com todo o nosso coração (sentimentos e emoções), força (força de vontade) e mente (intelecto) e raciocínio.

Descobrimos que nossa eficácia em satisfazer nossos desejos justos aumenta muito quando aprendemos a controlar nossas mentes e direcionar nossas energias mentais para um objetivo específico. Quando pedimos constantemente ao Senhor que nos ajude a realizar os desejos justos de nossos corações, devemos seguir a admoestação do Senhor: "Que todos os teus pensamentos se fixem no Senhor". Nossos pensamentos podem ser desproporcionais à fé ou prejudicar nossa capacidade de exercê-la.

Nossa compreensão da fé não pode ser neutra. Se não forem produtivas ou edificantes, temos a responsabilidade de substituí-las por ideias produtivas e edificantes. Precisamos ter cuidado conosco mesmos principalmente em nossos pensamentos, palavras e ações; devemos viver os mandamentos de Deus e continuar tendo fé no que ouvimos concernente à vinda de Nosso Senhor Jesus Cristo, até o fim de nossas vidas, e se assim não fizermos pereceremos, ou seja, iremos sofrer se não soubermos dominar nossos pensamentos.

A função de Satanás e seus servos é nos distrair com os desafios da vida, tais como: preguiça, problemas pessoais, familiares, falta de dinheiro, desemprego, infidelidade de cônjuges ou amigos, redes sociais, e muitos outros fatores. É nosso dever aumentar nossa iniciativa de controlar nossos pensamentos ao nos lembrarmos constantemente dos mandamentos e nos afastarmos das distrações e desânimo.

Isso se aplica a uma mente preguiçosa e desanimada, pois o Senhor nos ordenou que abandonássemos todos os pensamentos ociosos; o poder da fé através do pensamento pode ser oculto ou exposto, concentrado ou diluído, ativo ou inerte.

Nossa capacidade de invocar o Senhor honesta e efetivamente depende do quanto trabalhamos para controlar nossos pensamentos, e isso melhora nossa capacidade de focar nossas mentes.

Se você está lendo este livro pela primeira vez, anote as respostas para as seguintes perguntas:

Como eu costumo me exercitar mentalmente?

Até que ponto meus pensamentos se concentram na realização de meus desejos justos?

Até que ponto deixo que preocupações, dúvidas e medos mundanos tomem conta de minha mente?

Cite de modo específico algumas sugestões que estão neste capítulo quanto ao que fazer para aumentar nossa capacidade de controlar nossos pensamentos:

Se possível, discuta suas respostas com alguém que também esteja lendo este livro.

_____
_____
_____
_____
_____

MUDE SEUS PENSAMENTOS

Algumas pessoas tendem a culpar as circunstâncias em que se encontram ou até mesmo a culpar outras pessoas ao seu redor quando seus desejos justos não são satisfeitos; mas, quando compreendemos o processo da fé, percebemos que podemos mudar circunstâncias mudando nossa atitude e exercendo fé.

"Um homem é literalmente o que ele pensa que é, seu caráter é a soma de todos os seus pensamentos."

"O pensamento que agora está na tua cabeça contribui, embora numa medida infinita, quase imperceptível, para a formação da tua alma, mesmo os pensamentos fugazes e preguiçosos deixam a sua marca."

"Eu lhe direi quem você é se você me disser o que pensa quando não tem nada para pensar."

"Porque como você pensa, você é no coração."

Quando mudamos radicalmente o nosso pensamento, nos surpreendemos com que rapidez as circunstâncias materiais de nossa vida mudam; os nossos pensamentos ditam as circunstâncias, porque os pensamentos governam os hábitos e os hábitos ditam as circunstâncias; precisamos lembrar que em todas nossas ações usamos o livre-arbítrio e pensamos para agir.

De todas as criaturas da Terra, apenas o homem pode mudar sua forma de pensar e se torna o arquiteto de seu destino; infelizmente muitos cristãos acham difícil disciplinar seus pensamentos, evitam pensamentos sensuais e lascivos, mas não fazem nenhuma tentativa consciente de controlar ou direcionar seus pensamentos.

Quando observamos alguém passando por altos e baixos na vida, é comum dizermos que "ele ainda não se encontrou". No entanto, essa interpretação é simplista e até mesmo errada. A realidade é que nossa identidade não é algo que simplesmente "encontramos" de forma pré-definida; ao contrário, somos os criadores ativos de nossa própria identidade.

Cada indivíduo atua como o arquiteto de seu destino, desempenhando um papel crucial na formação do seu ser e na construção da trajetória de vida. No entanto, o erro reside naquele que tenta forjar esse caminho sem a inspiração divina. Ignorar a influência de Deus na construção do nosso eu é subestimar a fonte verdadeira do crescimento interior, alicerçado em princípios espirituais profundos.

É fundamental compreender que o verdadeiro desenvolvimento e evolução vêm de dentro, sendo alimentados pela busca constante da inspiração divina. A tentativa de construir uma existência significativa sem essa conexão é como edificar sobre bases frágeis e efêmeras.

No contexto do julgamento final, o desvelar dos pensamentos e das intenções mais íntimas do coração destaca a importância de uma jornada interior autêntica. Não serão apenas as ações externas que serão expostas, mas também os reflexos mais profundos de nossas escolhas e intenções interiores.

Assim, a narrativa da vida se torna uma obra complexa e intrincada, em que a autenticidade do eu, a busca pela inspiração divina, e a construção do destino entrelaçam-se em uma trama única, moldando não apenas a jornada terrena, mas também a eternidade.

Falando sobre esse assunto, Spencer W. Kimball declarou que, quando os pensamentos e intenções de nosso coração são revelados, estes devem ser considerados. "Certamente não é muita imaginação no tempo presente acreditar que nossos pensamentos também estão de alguma forma registrados, que apenas seres superiores ainda sabiam!"

É importante compreender que os nossos próprios pensamentos são considerados e desempenham um papel importante em nossa decisão final, algumas pessoas desconhecem a grande influência que esses pensamentos têm em suas vidas, portanto, fazem pouco esforço para discipliná-los.

A vida de uma pessoa perde direção e propósito quando ela não pode definir claramente com seu intelecto o que deseja alcançar na vida, então treine sua mente para se concentrar em seus desejos justos, visto que a força que está dentro de você é algo simplesmente miraculoso quando não perdemos o propósito divino de nossa criação. Deus nos criou para sermos prósperos e abundantes espiritual e materialmente (João 10:10).

Não estamos aqui nesta Terra para sermos fracassados, nascemos para brilhar, e iremos sim, se aprendermos a dominar nossos pensamentos; o céu é o limite para quem aprende a dominar seus pensamentos.

Se você está lendo este livro pela primeira vez, responda por escrito às seguintes perguntas:

Como podemos mudar as nossas circunstâncias?

O que você quer que aconteça em sua vida que não está acontecendo neste momento?

O que você vai fazer para que isso aconteça em sua vida?

Se possível, discuta a resposta com alguém que também esteja lendo este livro. Sempre que reler este livro e descobrir que as circunstâncias em que se encontra o controlam, use a fé necessária para mudá-las.

_____
_____
_____
_____
_____
_____

APLICAÇÃO CONTÍNUA

Começamos a sentir o poder da fé em nossas vidas quando conseguimos manter a necessária disciplina espiritual e um estilo de vida digno durante várias semanas seguidas, um dia por vez, passo a passo. É fundamental dedicarmos esforços consistentes para demonstrar nossa fé na capacidade de convocar os exércitos celestiais ao longo de nossas vidas. A jornada de experimentar o poder da fé, em todos os seus níveis, exige um comprometimento contínuo e persistente. Não é uma conquista que ocorre de forma instantânea, mas sim um processo gradual que se desdobra à medida que nos envolvemos de maneira constante na prática e na expressão da nossa fé.

Convocar os exércitos do céu não se trata apenas de um ato espiritual isolado, mas de uma jornada que requer nossa participação ativa e contínua. Isso implica demonstrar confiança persistente em nossas capacidades, não apenas quando enfrentamos desafios imediatos, mas ao longo do curso de nossas vidas.

O verdadeiro poder da fé se revela quando estamos dispostos a perseverar, mesmo diante das adversidades, e a manter uma conexão constante com as forças celestiais. É uma jornada que exige disciplina espiritual, prática consistente de valores e uma crença inabalável na possibilidade de convocar o auxílio divino em todas as situações.

Assim, a profundidade da experiência da fé se manifesta plenamente quando estamos dispostos a investir tempo, energia e devoção contínuos em nossa relação com o divino. É nesse comprometimento constante que encontramos não apenas o poder da fé, mas também uma transformação significativa em todos os aspectos de nossa existência.

Testamos esse princípio fazendo o esforço necessário, mesmo que seja difícil no início. Por exemplo, se o nosso desejo justo é desenvolver o dom da visão, vamos tentar esse processo seguindo fielmente os passos descritos neste livro durante várias semanas consecutivas enquanto procuramos desenvolver esse dom.

Quando tivermos conseguido usar a fé como um princípio de poder na nossa capacidade de alcançar os desejos certos, vamos repetir o processo para outro objetivo, e assim por diante. Quando somos totalmente convertidos à fé como um princípio poderoso, percebemos que quase não há limite para o que podemos alcançar quando podemos invocar as forças do céu. À medida que você tentar constantemente usar a fé como um princípio de poder, achará o processo cada vez mais fácil até chegar a um ponto em que é quase espontâneo.

Como invocar a Deus, honesta e efetivamente, não apenas com palavras

Nosso principal objetivo deve ser controlar nossa mente para que possamos pensar apenas o que queremos. Para consegui-lo, devemos estar conscientes dos nossos pensamentos, aprender a examiná-los e, eventualmente, substituir as dúvidas e os medos por pensamentos que aumentam a nossa fé. Quando aprendemos a controlar e direcionar nossos pensamentos, podemos invocar as forças do céu para nos ajudar em todas as áreas de nossa vida.

Se você está lendo este livro pela primeira vez, responda às seguintes perguntas, por escrito:

Por quanto tempo devo me concentrar em desejos justos para experimentar o poder da fé como um princípio?

Sempre que reler este livro, faça a si mesmo as seguintes perguntas:

Como pode uma pessoa recorrer à fé como um princípio de poder?

Em que áreas da vida devemos usar a fé como princípio de poder?

Eu realmente me converti ao princípio da fé?

Posso invocar as forças do céu para me ajudar em todas as áreas da minha vida?

Se possível, discuta as respostas com alguém que também esteja lendo o livro.

_____
_____
_____
_____
_____

Capítulo IV

NOSSA FÉ SERÁ TESTADA

Embora o Senhor nos ajude a alcançar objetivos dignos, devemos estar cientes de que nossa fé será testada e provada sob duas condições:

1. Quando nos aproximamos sinceramente de nosso Pai celestial, pedindo para nos ajudar a alcançarmos certos objetivos.

2. Quando temos desejos que exigem uma maior intervenção dos poderes celestes.

Desde o princípio, o modelo que o Senhor seguiu para nos abençoar foi: "Que o homem busque bênçãos, para que sua fé possa ser testada e provada".

Cuide para que o homem se humilhe e prove sua fé pela perseverança e lealdade comprovada, e que seus desejos justos sejam realizados.

Somente depois que Adão mostrou sua determinação de ser fiel ao mandamento do Senhor, o Espírito Santo foi derramado sobre ele em grande abundância. Esse mesmo exemplo vemos na vida dos profetas do Antigo Testamento, como Abraão, Jacó e Moisés.

É interessante saber que nem mesmo o Senhor estava isento desse padrão (Mateus 4:11).

O Senhor exige um período probatório ou teste de fé para ver se a pessoa que está pedindo uma bênção especial permanecerá firme e constante na fidelidade mesmo diante das oposições. Quando ela percebe que sua fé está sendo testada, isso lhe dá mais determinação e perseverança em tempos difíceis. O teste de nossa fé tem basicamente quatro objetivos:

1. Determinar se o objetivo que estamos tentando alcançar é realmente um desejo;
2. Tornarmo-nos mais humildes para que assim entendamos que não devemos confiar "no braço da carne";
3. Saber se estamos realmente dispostos a obedecer ao Senhor;
4. Purificar-nos, para que sejamos limpos, puros e imaculados; literalmente libertos dos pecados do mundo.

Quando aprendemos a suportar os testes de fé, sem reclamar, ou até mesmo blasfemar contra os céus, receberemos a purificação pelo Espírito do Senhor. Esse é o processo de regeneração e santificação.

É extremamente importante compreender que a prova da fé é uma parte necessária do processo de santificação pelo qual o Espírito de Deus nos purifica.

"Porque é necessário que sejamos testados e provados, como Abraão foi ordenado a sacrificar seu único filho, todos os que não querem suportar o castigo, não podem ser santificados." A resistência desempenha um papel muito importante nesse processo, porque, superando e suportando as provações, seremos literalmente puros, com a promessa de sermos "aperfeiçoados em Cristo".

E por causa disso podemos receber o Espírito do Senhor, apesar de todas as limitações da carne.

Se você está lendo este livro pela primeira vez, responda à seguinte pergunta, por escrito:

Por que o Senhor permite que nossa fé seja testada e provada?

Se possível, discuta sua resposta com alguém que também esteja lendo este livro.

_____
_____
_____
_____
_____

TESTES DE FÉ

A natureza dos testes de fé de uma pessoa é baseada em seu temperamento e inclinação; coisas que testam uma crença não podem testar outra.

"Deus volta-se para nós, apodera-se da nossa natureza, muda as partes mais íntimas dos nossos corações e, se não resistirmos à prova, não somos dignos de receber uma herança no reino celestial de Deus." O teste de nossa fé nos torna conscientes de que não podemos prosperar se confiarmos na "mão da carne". Nossos poderes pessoais são extremamente limitados para alcançar nossos desejos justos por nós mesmos.

No entanto, se nos humilharmos, conscientes de que não podemos prescindir da ajuda do Senhor, se nos rendermos ao nosso Pai celeste e formos sinceros nos nossos desejos, Ele estenderá a sua mão para nós.

Cada pessoa pode suportar suas provações de fé, sejam elas quais forem, se permanecermos fiéis e obedientes mesmo diante de oposição, desconforto, ou dor.

O Senhor espera que sejamos "pacientes nas provações" e não nos queixemos dos problemas ou inconvenientes. Por exemplo, ao falar com outras pessoas, vamos enfatizar os aspectos positivos das circunstâncias da vida. A capacidade de suportar as dificuldades com paciência é uma grande virtude e nos ajuda a alcançar maturidade, estabilidade e força mental.

O Senhor também nos disse: "E quando fores lançado na cova ou nas mãos de assassinos e condenado à morte, você será jogado no abismo; quando ondas tempestuosas conspiram contra você; quando os ventos raivosos de seus inimigos chegarem; quando o céu está coberto de escuridão e todos os elementos juntos obstruem o caminho; e, sobretudo, quando as mandíbulas do inferno abrirem a boca para engolir-te, sabe, meu filho, que tudo isso te serve para experiência, para o teu bem o Filho do homem desceu abaixo de todos os desafios".

O próprio Salvador Jesus Cristo passou por muitos desafios e, que não esqueçamos, Ele não tinha pecados, passou por tudo isso por amor a cada um ser vivente nesta Terra, seja que adore a Ele ou não.

Todos nós em algum momento de nossas vidas iremos passar por testes e provações; quando decidirmos alcançar objetivos justos nesta Terra, devemos manter o foco nos objetivos, dominando nossos sentimentos e principalmente nossos pensamentos; devemos acreditar que o Senhor nos livrará se nos mantivermos dignos e fiéis.

Nada é para sempre, são apenas momentos de teste; vejamos a seguinte história: Wanda, uma amiga muito querida e especial, permitiu que eu compartilhasse uma parte de seu teste de fé.

Wanda nasceu em uma família muito simples, passou por muitos desafios e ainda assim ela acreditava que sua vida poderia ser diferente, aos 11 anos de idade ficou órfã de pai e tudo que era difícil se tornou um pesadelo, ainda assim cultivara em seu coração um sentimento de esperança, paz e de que tudo ficaria bem se tão somente continuasse acreditando em seus sonhos e principalmente tendo uma fé contínua em Deus mesmo diante de tantos desafios.

Trabalhou em casa de família para ajudar sua mãe, que pagava aluguel, aos 16 anos iniciou um trabalho de carteira assinada em um supermercado X, trabalhava muito e mal tinha tempo para pensar no futuro, imaginava sua carreira ali, naquele estabelecimento comercial, afinal não era tão ruim, pois tinha um trabalho mesmo sem ter concluído o ensino médio.

Um belo dia uma mulher "desconhecida" aos olhos humanos, mas instrumento nas mãos de Deus para mudar os pensamentos de minha amiga em relação a seu futuro para sempre, fitou os olhos de Wanda no caixa do supermercado e disse:

— Menina, é isto que você almeja por toda sua vida?

Wanda, em sua simplicidade, respondeu com um sorriso, pois não sabia o significado da palavra dita por aquela senhora bem-vestida e bem-sucedida, de acordo com suas vestimentas, modo de andar e falar.

A palavra almejar penetrou em cada parte da mente de minha amiga, o que tirou sua paz enquanto não descobriu o que a senhora quis dizer com aquela palavra, até aquele momento tão difícil de compreender.

Chegando à sua residência, procurou o significado da palavra almejar e falou a si mesma: realmente não é isso o que quero para sempre em minha vida, eu posso ser melhor.

Desse dia em diante, a fé de minha amiga foi lapidada, refinada, testada e provada; mais ainda, fez supletivo, concluiu os estudos, saiu do supermercado, dedicou 18 meses de sua vida servindo ao próximo, hoje é graduada e pós-graduada em enfermagem, trabalha com marketing digital no conforto de seu lar, palestrante, escritora, é casada e bem-sucedida; hoje, aos 45 anos, continua sonhando e acreditando, sempre com o coração cheio de gratidão.

Nunca foi fácil, mas ela nunca desistiu; mesmo com sua fé sendo testada e provada, ela perseverou (Mt. 10:22; Mc.13:13; Mc 4:17; Heb. 6:15).

Somente precisamos ter a capacidade de tudo suportar; mesmo que às vezes não entendamos, é importante acreditarmos que os testes e provações por que passamos hoje nos servirão, são apenas momentos, e tudo ficará bem, se mantivermos os nossos olhos fitos na glória de Deus.

"E não somente isso, mas também louvamos nas tribulações, sabendo que a tribulação produz perseverança e paciência e esperança" (Romanos 5:3).

Bem-aventurados aqueles que guardam os mandamentos de Deus, tanto na vida como na morte, e aqueles que demonstram fidelidade nas tribulações receberão uma recompensa maior no reino dos céus; no momento não conseguimos ver com olhos naturais as maravilhas que Deus fará sobre as coisas que estão por vir, nem a glória que virá após os testes e provações.

Porque depois de muitas provações vêm as bênçãos; no determinado tempo do Senhor, chegará o dia em que seremos coroados com grande glória por termos perseverado; a hora ainda não chegou, mas está bem próxima.

Temos a certeza de que tendo o Espírito como nosso companheiro constante de acordo com nossa dignidade poderemos superar todas as dificuldades. Seremos testados e provados.

A história de Abraão e Isaque é um exemplo poderoso de como somos testados e provados em nossa fé, mas também de como Deus sempre prepara o caminho para nós. Abraão foi chamado por Deus para deixar sua terra natal e seguir em direção à terra que Ele prometeu dar-lhe. Ao longo dessa jornada, Abraão teve que enfrentar diversos desafios e provações. No entanto, ele sempre confiou em Deus e Lhe obedeceu. Durante esse processo, Abraão foi testado em sua fé e submetido a situações difíceis, mas Deus sempre o fortaleceu e lhe deu a força necessária para continuar avançando.

Uma das maiores provações que Abraão enfrentou foi quando Deus lhe pediu para sacrificar seu único filho, Isaque, como um sacrifício a Ele. Isaque era a promessa de Deus para Abraão, o filho que ele tanto esperara. No entanto, Abraão respondeu ao chamado de Deus com obediência e fé, mostrando sua total confiança em Deus e em Seus planos.

Abraão e Isaque subiram ao monte para realizar o sacrifício, mas Deus enviou um anjo para impedi-los no último momento. Nesse momento, Deus mostrou Sua fidelidade e Sua provisão ao prover um carneiro para substituir Isaque como sacrifício. Deus estava apenas testando a fé e a obediência de Abraão, e Ele o recompensou por sua fidelidade ao fornecer a solução necessária.

Essa história nos ensina que, embora possamos passar por provações e testes em nossa vida, Deus está sempre presente e sempre prepara o caminho para nós. Ele nunca nos abandona, mas prova nossa fé e confiança Nele. Podemos nos sentir sobrecarregados pelas dificuldades, mas devemos lembrar que Deus é fiel e nunca nos deixa sozinhos.

Assim como Abraão, devemos confiar em Deus em todas as circunstâncias e seguir Seus caminhos. Mesmo quando nossas próprias forças parecerem insuficientes, Deus estará lá para nos sustentar e nos guiar. Ele pode nos testar, mas também nos dará a força e as soluções necessárias para superar essas provações.

Portanto, quando enfrentarmos desafios em nossa jornada de fé, devemos lembrar da história de Abraão e Isaque. Deus nos testa para fortalecer nossa fé e nos preparar para um caminho melhor. Ele sempre prepara o caminho para nós e nos dá a vitória em Suas mãos.

"A espiritualidade nos ajuda a superar as dificuldades e a nos fortalecer."

Se você está lendo este livro pela primeira vez, responda às seguintes perguntas.

De que modo sua fé foi testada?

Você respondeu fielmente às provações e tribulações?

Que atitude você tomou até o momento para resolver essa situação?

Se possível, discuta sua resposta com alguém que também esteja lendo este livro.

_____
_____
_____
_____
_____

PESSOAS QUE VENCERAM SUAS PROVAS DE FÉ

Uma das maiores provas de fé está registrada no livro de Alma e diz respeito ao trabalho missionário dos filhos de Mosias. Esses homens foram responsáveis pela conversão de um grande número de lamanitas, embora fossem descritos como um "povo selvagem, feroz e furioso" (Alma 17:14) e não demostrassem estar receptivos à mensagem do evangelho. A chave para a conversão em massa dos lamanitas foi o Espírito do Senhor acompanhando os filhos de Mosias em seu trabalho. Mesmo com essas revisões limitadas, fica claro que o Senhor testou e provou sua fé.

"Ora, as circunstâncias que ocorreram em suas viagens foram porque eles tiveram muito sofrimento; eles sofreram muito, tanto fisicamente quanto espiritualmente, de fome, sede e cansaço; e eles também sofreram muitas provações em espírito."

"E aconteceu que eles vagaram muitos dias no deserto; eles jejuaram e oraram muito para que o Senhor lhes desse uma porção de Seu Espírito para ir com eles e permanecer, se possível, um instrumento da mão de Deus para guiar seus irmãos, os lamanitas, a conhecer a verdade, a conhecer a injustiça das tradições de seus pais, que não era correta. E o Senhor também lhes disse: Ide confirmar minhas palavras entre os lamanitas, vossos irmãos; ainda seja paciente em suas aflições e sofrimentos; e farei de vocês instrumentos em Minhas mãos para a salvação de muitas almas" (Alma 17:5,9,11).

A seguinte citação resume toda essa experiência:

"E esta é a história de Amon e seus irmãos, de suas jornadas na terra de Néfi, de seus sofrimentos na terra, de suas dores e provações e de sua imensurável alegria..." (Alma 28:8).

Em outras palavras, embora tenham sofrido muito, no final tiveram grande alegria e satisfação em seu trabalho, porque perseveraram nas provações de fé.

Sister Pereira serviu na missão Brasil Salvador Norte, passou por muitos desafios no decorrer de sua missão, mas sabia de seu propósito ao serviço do Senhor por 18 meses. Em seu amor por Jesus Cristo e em Sua Expiação, seu foco não estava nas circunstâncias desafiadoras, e sim em Jesus Cristo. No "final" de sua missão, parecia que estava iniciando para ela, não tinha estou morrendo, e sim estou nascendo para uma nova fase de minha vida, um missionário do Senhor nunca morre, manteve o foco com fé inabalável em Jesus Cristo e em seu propósito de vida para com Deus.

EXPERIÊNCIAS DE PENHA

Penha, uma mulher dotada de um espírito resiliente, confrontou um desafio de saúde que abalou as estruturas de sua vida. Após minuciosos exames, os médicos entregaram a desoladora notícia de que sua glândula renal havia cessado sua função. A imediata recomendação foi a hemodiálise, uma perspectiva que se mostrava sombria e desanimadora.

Ao sair da sala do médico, Penha não carregava apenas o peso do diagnóstico, mas também uma confiança inabalável em sua fé. Escolheu acreditar que, com a graça divina, poderia superar esse desafio. Impulsionada por uma determinação proveniente do núcleo de sua espiritualidade, Penha recusou-se a aceitar passivamente o prognóstico inicial.

Meses se passaram, e guiada por sua fé, Penha decidiu buscar uma segunda opinião de um especialista renal. Ao consultar o novo médico, uma reviravolta surpreendente ocorreu. O especialista, ao examinar os resultados dos exames, ficou perplexo. Para surpresa de todos, não havia mais sinal de disfunção renal; os rins de Penha estavam operando normalmente.

O médico, confuso, indagou a Penha se ela havia adotado alguma medida extraordinária ou seguido algum tratamento específico. A resposta dela foi simples, porém poderosa: "Eu confiei em Deus e acreditei que a cura viria. A fé move montanhas."

Penha não apenas vivenciou a cura física, mas também uma renovação espiritual. Sua narrativa tornou-se um testemunho vívido de como a fé pode desafiar prognósticos médicos, transcendendo expectativas e restaurando não apenas a saúde, mas também a esperança.

Assim, a trajetória de Penha emerge como um lembrete inspirador de que, mesmo diante das adversidades mais árduas, a fé inabalável pode se revelar como um fator decisivo na jornada de cura e superação.

MANTER A FÉ MESMO COM POSIÇÕES

Felizmente, há várias coisas que podemos fazer quando nossa fé é testada e provada. Considere a seguinte declaração de Spencer W. Kimball:

"Algumas vezes eu disse que precisamos de um reservatório em nossa vida para encontrar nossas necessidades. Me disseram: Alguns dos tanques são feitos para armazenamento de água, outros para alimentação, como os que fazemos no programa de conservação doméstica, e José no Egito, tanques em sete anos. Também deve haver reservas de conhecimento para atender às necessidades futuras e coragem para superar as inundações de medo que enchem nossas vidas de incerteza; reservas de força física para enfrentar as cargas de trabalho e doenças comuns; reservatórios de bem, paciência e de fé.

Sim, especialmente pela crença de que enfrentaremos as pressões do mundo com firmeza e firmeza quando as tentações do mundo decadente (cada vez mais permissivo e pior) nos cercarão e nos subjugarão, drenando nossa energia, corroendo nossa vitalidade espiritual e tentando nos derrubar.

Devemos ter um reservatório de fé que ajude jovens e adultos a sobreviverem a momentos sombrios, difíceis e terríveis, desilusões, anos de problemas, confusão e desapontamento".

Leia e medite nas seguintes escrituras: "Pois eu sei que aqueles que confiam em Deus serão ajudados nas suas preocupações, problemas e aflições".

Ter a fé em diferentes aspectos da vida é um desafio que muitas pessoas enfrentam diariamente. Seja em relação às crenças religiosas, à esperança em dias melhores ou à confiança em si mesmo, manter a fé é uma jornada constante que exige esforço e perseverança.

Quando se trata de posições religiosas, a fé desempenha um papel central na vida de muitas pessoas. Independentemente da religião que seguimos, ter fé implica acreditar na existência de algo maior, em um poder divino que nos guia e nos sustenta. Nesses momentos, quando a fé é abalada ou questionada, é importante lembrar-se das experiências pessoais e dos ensinamentos que fortalecem nossa crença. Manter a fé mesmo diante de desafios ou dúvidas pode ser um processo de autoconhecimento e de reconciliação com nossas próprias convicções.

Além disso, a fé também está presente em outros aspectos da vida. Ter fé na esperança de dias melhores é essencial, especialmente em momentos difíceis ou de incerteza. É um otimismo interior que nos impulsiona a continuar lutando, acreditando que as coisas vão melhorar, mesmo quando tudo parece perdido. Essa fé é um combustível poderoso que nos capacita a superar obstáculos e buscar oportunidades mesmo nas situações mais adversas.

Por fim, manter a fé em si mesmo é fundamental para alcançar nossos objetivos e realizar nossos sonhos. Confiar em nossas habilidades, capacidades e potencialidades é essencial para enfrentar desafios e perseguir nossas paixões. Acreditar que somos capazes e merecedores do sucesso nos impulsiona a persistir diante das dificuldades, a aprender com os erros e a buscar o melhor de nós mesmos.

No entanto, manter a fé não significa ignorar as dificuldades ou obstáculos que surgem em nosso caminho. Pelo contrário, é reconhecer que a vida é repleta de altos e baixos, mas que nossa fé nos ajuda a encontrar significado e propósito em cada experiência. Manter a fé exige coragem, paciência e confiança. É um processo contínuo de renovação interna, de conectar-se com o que é mais importante em nossas vidas e de seguir em frente, independentemente das circunstâncias.

Em resumo, manter a fé é um desafio constante, mas recompensador. Seja em relação às crenças religiosas, à esperança em dias melhores ou à confiança em si mesmo, a fé nos guia, fortalece e nos lembra de que há sempre um propósito maior em nossas vidas. É através da fé que encontramos forças para superar obstáculos, para acreditar em nossos sonhos e para encontrar significado em cada jornada.

"Vinde a mim, todos os que estais cansados e sobrecarregados, e eu vos aliviarei. Tomai sobre vós o meu jugo e aprendei de mim, porque sou manso e humilde de coração, e encontrareis descanso para as vossas almas. Pois o meu jugo é suave e o meu fardo é leve" (Mateus 11:28-30).

Com essas escrituras, recebemos inspirações e força para enfrentarmos o teste de nossa fé.

Lembre-se da frase: "Pois depois de muitas provações há bênçãos". Encontre uma coleção pessoal de escrituras e citações e leia-as quando sentir que sua fé está sendo testada.

Minhas Escrituras e Citações Preferidas

ESCRITURAS

_____
_____
_____
_____
_____

CITAÇÕES

_____
_____
_____
_____
_____

ADVERTÊNCIA

Quem quer que sejamos, mesmo se orarmos fervorosamente escolhendo nossos desejos, haverá momentos em que começaremos a mostrar fé em um desejo que nosso Pai celestial não aprova. Quando isso acontece, nossos pensamentos ficam inchados e achamos difícil focar nossos desejos. Se for esse o caso, devemos parar de acreditar no desejo, porque fazemos tudo o que podemos para descobrir por que o desejo não é apropriado.

Ao tentar praticar a fé, é nossa responsabilidade garantir que não confundimos falta de retidão, luxúria, disciplina pessoal ou um teste de fé com o medo mental que surge quando ansiamos por algum motivo ou outro inapropriado. Com essa compreensão, podemos convencer-nos constantemente de que o nosso desejo é correto. Devemos lembrar-nos dessa prudência, porque pela persistência podemos satisfazer desejos que, de acordo com a sabedoria do Senhor, não serão para o nosso melhor proveito.

O Senhor respeita nosso livre-arbítrio, quando seguimos nossos desejos.

BREVE REFLEXÃO

A seguir está um resumo do entendimento, orientação e padrões necessários para usar os poderes celestiais para abençoar nossa vida.

1. Uma compreensão clara da fé como princípio de poder.
2. A crença de que as forças do céu são governadas pela fé do indivíduo.
3. Viver retamente. Não de aparência (Mateus 6:1-6).
4. Escolher objetivos (desejos justos) em oração.
5. Definir nossos objetivos (desejos) por escrito.
6. Notifique-nos quando a meta for atingida.
7. Apresentamos o nosso caso ao Senhor, contamos-Lhe os esforços e sacrifícios que fazemos para alcançar esse objetivo (desejo).
8. Pensamos constantemente em nosso objetivo (queremos).
9. Usando todas as forças da mente, pensando positivamente sobre suas possibilidades para alcançar seu objetivo (desejo) com a ajuda do Senhor.
10. Lembremo-nos constantemente de que a força e o poder extras que vêm de Deus e estão à nossa disposição baseiam-se na fé individual.

11. Lembrar constantemente que o Senhor quer satisfazer os nossos desejos justos, se estivermos vivendo de forma digna e se formos qualificados para tanto.
12. Faça do nosso objetivo especial (desejo) um assunto constante de oração.
13. Ore para que o Senhor aumente nossa capacidade de mostrar a fé como um princípio de poder.
14. Se nos deparamos com uma situação que nos faz duvidar da nossa capacidade de alcançar a meta desejada, aprendamos a orar espiritualmente pedindo ajuda ao Senhor, então teremos a certeza de que Ele nos ajudará, lembrando que se a nossa fé enfraquecer negamos ao Senhor a oportunidade de nos ajudar.
15. Medite repetidamente na promessa do Senhor. Peça e receba; busque e achará; bata e será aberto para você (Mateus 7:7).
16. Entenda que nossa fé também será testada.
17. Certifiquemo-nos de fazer nossa parte e de trabalhar duro para alcançar nossos objetivos (desejos).
18. Controle seus pensamentos.
19. Não permita se distrair com as coisas vãs deste mundo.
20. Mantenha o foco em seus objetivos, e não nos desafios.

Capítulo V

INSTRUÇÕES PARA UMA FÉ CRESCENTE

PLANO DE AÇÃO

Quando escolhemos o desejo certo na oração, em muitos casos é útil elaborar um plano de ação por escrito. Em geral, deve incluir os seguintes pontos:

- *O QUE QUEREMOS:* especificamos com o máximo de detalhes possível qual é o nosso desejo (objetivo).
- *NOSSA RECOMENDAÇÃO:* refere-se ao intricado conjunto de ações e decisões que conscientemente empreendemos para alcançar um objetivo específico. Essa trajetória abrange não apenas o que fazemos, mas também como o fazemos, incorporando as escolhas que estão sob nosso controle direto. Ao mergulharmos na execução dessas ações, reconhecemos que algumas circunstâncias estão dentro do nosso poder de influência.
- À luz do entendimento bíblico, encontramos em Provérbios 16:3 uma orientação significativa: "Consagre ao Senhor tudo o que você faz, e os seus planos serão bem-sucedidos". Essa passagem ressalta não apenas a importância de nossas ações, mas também a necessidade de dedicá-las ao Senhor. Nossa trajetória, portanto, é permeada pela

- busca da vontade divina, integrando nossa jornada de realizações com princípios espirituais.
- Ao nos aprofundarmos nessa trajetória, compreendemos que o que está em nosso poder para satisfazer desejos legítimos não é apenas uma lista de ações, mas sim uma narrativa em evolução. Cada decisão, esforço e compromisso moldam não apenas o resultado desejado, mas também nosso próprio caráter e relação com o divino. Assim, nossa trajetória torna-se uma expressão dinâmica da interseção entre nossos esforços e a orientação espiritual, construindo não apenas realizações tangíveis, mas também um alinhamento mais profundo com propósitos superiores.
- *AJUDA DE DEUS:* as bênçãos especiais que queremos receber exigem que clamemos aos poderes celestiais.
- *NOSSO COMPROMISSO:* uma lista de coisas que estamos dispostos a fazer para receber a ajuda do Senhor. Os nossos deveres devem ser inspirados e mostrar a nossa dignidade, a nossa devoção e a força dos nossos esforços para receber ajuda do Senhor.

EXEMPLO

Davis foi chamado recentemente como supervisor; em espírito de oração, ele estabeleceu como meta apresentar sua lição de tal maneira que o espírito tocasse cada membro da classe e lhes desse conhecimento e compreensão que os ajudariam em suas vidas pessoais.

Seu plano de ação era o seguinte:

MEU DESEJO: ensinar sobre o perdão todas as semanas, para que cada membro da classe entre em contato com o Espírito e obtenha conhecimento e discernimento para ajudá-lo em sua vida.

MINHAS DECISÕES: estudar todas as lições, por duas horas todos os domingos e por 30 minutos todos os dias da semana. Meditar 15 minutos por dia sobre os alunos e suas necessidades individuais, e conhecer cada aluno pessoalmente.

PRECISO DA AJUDA DO SENHOR: confiar no Espírito Santo para que me revele as necessidades e inclinações dos membros da classe. Ajudar os alunos a compreender as verdades que estou apresentando.

MINHA OBRIGAÇÃO: jejuar de acordo com meu desejo pelo menos uma vez por mês. Expressar muito mais amor e apreço que sinto pelos outros.

É importante que o Senhor nos oriente a fazer um plano de ação; quando nos dirigimos ao Senhor em oração, Ele permite que nossa mente saiba o que devemos fazer para satisfazer nossos desejos.

Por exemplo: Johnson apresentou esse plano de ação ao Senhor e pediu mais instruções. Sua mente captou a ideia de que ele era muito crítico com os outros. Ele então acrescentou como terceiro ponto o dever de não criticar seus amigos.

Quando o Senhor nos orienta a criar um plano de ação, isso leva à realização de nossos desejos justos e a uma grande fé de que as bênçãos divinas sempre fluem da observância das leis a seguir.

Se você está lendo este livro pela primeira vez, responda às seguintes perguntas, por escrito:

Como escrever um plano de ação pode me ajudar em meus esforços para manifestar fé?

O que você pretende fazer para aumentar sua fé?

Se possível, discuta suas respostas com alguém que também esteja lendo este livro.

_____
_____
_____
_____
_____
_____

AVALIANDO NOSSA FÉ

A atitude básica ao estabelecer metas é avaliar nosso desempenho em alcançá-las. Três etapas são necessárias para fornecer uma avaliação precisa: 1) Escrever nossas metas; 2) Comparar regularmente nosso desempenho com alvos predefinidos; 3) Verificar se nossas metas estão sob inspiração.

PASSO 1: Anote seus objetivos, as metas devem sempre ser anotadas, divididas de acordo com os objetivos que pretendemos alcançar; também devemos especificar quando atingiremos uma determinada meta, se não for uma meta duradoura, como ler as escrituras por meia hora todos os dias.

O local onde escrevemos nossos objetivos é uma questão de preferência pessoal. Alguns acham útil escrevê-los em cartões de 3 por 5 cm que podem ser carregados no bolso da camisa, em carteiras ou na capa do celular, outros escrevem e os colocam em lugar de destaque, tais como papel de parede do celular, computadores, entre outros.

Devemos criar métodos para armazená-los da maneira mais adequada. "Para um sucesso duradouro, devemos definir metas e receber responsabilidade e motivação."

PASSO 2: Compare regularmente seu desempenho com metas predeterminadas. Não há valor em nosso propósito a menos que sigamos o conselho de Spencer W. Kimball e comparemos regularmente nosso desempenho com metas predeterminadas; devemos verificar o progresso diariamente.

Por exemplo: Man Bennet escreve todas as manhãs o que planeja fazer naquele dia. Todas as noites, antes de dormir, ele avalia seu desempenho. No domingo, ele analisa as metas da semana e planeja as metas da semana seguinte.

Naquele domingo, ele escreveu a seu gerente distrital que se sentia bem com todas as suas metas. Quando começou sua missão, estabeleceu a meta de ler 30 páginas de um artigo em 2 dias; antes do final do primeiro mês de trabalho, ficou claro para ele que essa meta era impossível tendo em vista as horas necessárias para memorizar as palestras. Ele informou a seu gerente regional que havia mudado sua meta para 10 páginas por dia, três dias por semana. Podemos avaliar isso de várias maneiras.

Ao detalhar nosso progresso de maneira escrita, não apenas registramos nossas realizações, mas também refletimos sobre os desafios superados, aprendizados adquiridos e áreas que exigem mais atenção. Essa reflexão profunda se torna um exercício espiritual valioso, permitindo que reconheçamos a mão divina em cada passo de nossa jornada.

Além disso, ao compartilhar esse relato detalhado com o Senhor, estamos não apenas informando, mas também buscando Sua orientação contínua. Esse diálogo íntimo e específico nas orações não apenas fortalece nossa conexão com o divino, mas também possibilita uma colaboração mais efetiva entre nossos esforços e a orientação espiritual. Essa prática diligente não só acelera nosso progresso, mas também enriquece a profundidade de nossa jornada espiritual.

Por exemplo, em nossas orações pessoais, é apropriado oferecer ao Senhor um relato minucioso e genuíno de nosso trabalho. Sugeriria que realizemos esse relatório de maneira regular, preferencialmente mensalmente, e de forma escrita, especialmente quando estamos envolvidos na avaliação do nosso progresso. A prática de documentar e comunicar nosso desempenho não apenas nos proporciona uma visão clara e tangível de nossos esforços, mas também fortalece nossa conexão espiritual.

PASSO 3: Devemos revisar nossos objetivos com inspiração; em alguns casos, vemos que as metas estabelecidas para nós são muito modestas.

Por exemplo, um palestrante poderia tentar memorizar 30 linhas de fala durante a primeira parte de uma palestra, o que seria uma meta razoável, mas semanas depois, quando seu nível de comprometimento aumentar, esse objetivo pode ser inadequado, à medida que sua capacidade de memória aumenta.

Da mesma forma, a meta de um palestrante agradar 100 pessoas por mês pode ser realista, nos primeiros meses de trabalho, mas essa mesma meta pode estar muito abaixo de sua capacidade na segunda vez de sua apresentação; como regra geral, devemos esperar que nosso desempenho melhore com o tempo.

Infelizmente, algumas pessoas são mais conscienciosas nos primeiros meses de trabalho e, quando se acostumam com a rotina, não operam mais com a mesma atitude conscienciosa que tinham no início de suas carreiras.

"Cada pessoa é um diário em que escreve uma história, mas pretende escrever outra. Seu momento mais humilde é quando ele tenta comparar os dois."

Se pudermos satisfazer constantemente os desejos justos que requerem a ajuda do Senhor, usaremos a fé como um princípio de poder. Podemos medir nossa fé pelo número de desejos justos que realizamos em um determinado período de tempo. Quando tentamos mostrar nossa fé pela primeira vez, devemos medir nosso sucesso pelo progresso que fazemos e pelo que podemos alcançar.

Por exemplo, se um palestrante atualmente memoriza 20 linhas de discursos por dia e estabelece uma meta para memorizar 50 linhas por dia e 40 palavras no primeiro dia após estabelecer a meta, ele começou a experimentar o poder da fé e deve reconhecê-lo como tal.

Se você está lendo este livro pela primeira vez, responda por escrito à seguinte pergunta:

Como posso medir minha fé?

Sempre que você reler este livro, pergunte a si mesmo:

Quantos desejos justos predestinados eu realizei nos últimos 2 anos?

E nos últimos 30 dias?

Se possível, discuta sua resposta com alguém que também esteja lendo este livro.

EXPRESSAMOS AGRADECIMENTOS

Quando começamos a sentir o poder da fé na nossa vida diária, é muito importante aprendermos a expressar os nossos agradecimentos ao nosso Pai celestial.

"A ingratidão é um crime pior do que a vingança."

"Você deve agradecer a Deus por todas as bênçãos com as quais você foi abençoado."

"Você deve agradecer a Jeová, seu Deus, por tudo."

(Lucas 17:11-19; Salmos 100:3-4; Col. 3:15)

Há duas atitudes que podemos praticar todos os dias que nos ajudarão a captar e manter a verdadeira gratidão. Primeiro, aprenda a refletir e meditar sobre as muitas coisas com as quais fomos abençoados, através da graça de Deus, e sejamos mais específicos, devemos considerar as coisas que conseguimos com a ajuda do Senhor.

"E o homem não ofenderá a Deus em nada, e a Sua cólera não se acenderá contra ninguém, exceto contra aqueles que não reconhecem a sua mão em tudo e não obedecem aos Seus mandamentos."

Devemos aprender a distinguir e reconhecer as forças celestes; cada vez que reconhecermos os poderes do céu em qualquer área de nossas vidas, tenhamos como meta expressar gratidão especial ao Senhor pelas maneiras pelas quais Ele nos ajudou naquele dia. Precisamos tentar fazer isso ao longo do dia, é importante que reservemos um tempo no final de cada dia para refletir sobre os eventos do dia e identificar casos específicos em que as forças do céu se manifestaram de alguma forma em nossa vida ou na vida de nossos familiares.

Além disso, devemos avaliar as coisas que dissemos e fizemos que, talvez sem que percebêssemos, de alguma forma minaram nossa fé; devemos analisar até que ponto mantivemos uma atitude de fé em relação aos nossos desejos justos.

É necessário que encontremos um método para fazer isso regularmente; se encontrarmos tempo para meditar constantemente e refletir sobre as bênçãos, habituando-nos a expressar um agradecimento especial ao Senhor, seremos mais sensíveis ao Espírito, e quando nos aproximamos Dele descobrimos que nossa inspiração aumentará muito mais.

"Podemos ser beneficiados se notarmos os primeiros sinais do Espírito de Revelação."

Por exemplo, se sentir que a inteligência pura flui de dentro de você, poderá acordar repentinamente com um fluxo de pensamentos, para que os observe e veja-os materializarem-se no mesmo dia ou um pouco mais tarde; isto é, as coisas que o Espírito de Deus revelou às suas mentes aconteceram; e assim conhecendo e recebendo o Espírito de Deus, você pode crescer no princípio da revelação, até que você será perfeito em Cristo Jesus.

Se conseguirmos desenvolver um estado sutil de consciência em manifestações espirituais, aumenta nossa capacidade de usar a fé como um princípio de poder.

Em Seu Caderno de Estudos ESCREVA SUAS EXPERIÊNCIAS

_____
_____
_____
_____
_____
_____

Como invocar a Deus, honesta e efetivamente, não apenas com palavras

Durante nossa vida, quando temos experiências envolvendo a fé como um princípio de poder, nós as capturamos e as tornamos uma parte importante de nossa história pessoal. Quando registramos experiências que promoveram a fé, detalhamos o processo que usamos para praticar a fé e o que resultou dele.

Muitas vezes acontece que, depois de registrar experiências inspiradoras de fé, o escritor escreve apenas sobre as bênçãos realizadas como resultado da fé e deixa de escrever sobre os esforços e orações necessários que realizaram para receber as bênçãos.

É de fundamental importância que criemos esse hábito de escrever detalhadamente sobre o processo ao longo do caminho até o momento em que recebemos os desejos justos de nossos corações. Sendo assim poderemos servir de instrumento nas mãos de Deus, para abençoar a vida de outras pessoas futuramente.

Assim como somos abençoados com as santas escrituras hoje, se relatarmos por escrito nossas bênçãos isso com certeza surtirá um efeito inimaginável na vida de alguém futuramente, quando não mais estivermos aqui nesta Terra.

"A tinta mais falha é melhor do que a memória mais brilhante."

(autor desconhecido)

Se você está lendo este livro pela primeira vez, responda por escrito às seguintes perguntas:

Por que é importante que anotemos nossas experiências detalhadamente?

Por que é importante sermos específicos nos pedidos que fazemos ao Senhor, e depois anotá-los detalhadamente?

Se possível, discuta sua resposta com alguém que também esteja lendo este livro.

_____
_____
_____
_____
_____
_____
_____
_____
_____
_____
_____
_____

Capítulo VI

DESENVOLVENDO UM ENTENDIMENTO MAIS PURIFICADO SOBRE FÉ

Analisaremos agora à luz do que lemos anteriormente. Se possível, discuta-o com alguém que também esteja lendo este livro.

1) A fé é a causa motriz de todas as ações, tanto em assuntos materiais quanto espirituais; 2) A fé não é apenas o princípio da ação, mas também o poder; 3) A fé é, portanto, o primeiro grande princípio governante, tendo poder, poder e autoridade sobre todos.

Quando compreendemos o poder disponível para nós através da fé, percebemos que podemos invocar as forças do céu para nos ajudar em todos os nossos negócios e empreendimentos, e não apenas no cumprimento de deveres eclesiásticos.

Podemos invocar os poderes do céu para nos ajudar em nosso chamado ou ofício, pois pediríamos tal ajuda no sentimento de que isso nos ajudaria a cumprir nosso dever para com a igreja. Este é um dos maiores ensinamentos nas escrituras: se as pessoas buscassem a ajuda do Senhor com fé, Ele as ajudaria em todos os seus assuntos. É importante entender que o Senhor quer nos ajudar, se tivermos fé suficiente para permitir que essa ajuda não se limite apenas a atividades relacionadas à religiosidade.

Devemos lembrar que o Senhor está inclinado a nos ajudar em nossa vida pessoal, sentimental, financeira também, devemos acreditar que podemos aumentar todas as nossas qualidades, habilidades e relações sociais. Por exemplo: a nossa capacidade de pensar, a nossa capacidade de compreender o que lemos, o que fazemos, os nossos talentos musicais, a nossa capacidade de nos comunicarmos com os outros, falar em público se você for tímido(a), por exemplo, e muitas outras coisas em nossa vida o Senhor fará se tão somente crermos.

"Um ser inteligente, criado à imagem de Deus, possui todos os órgãos, atributos, mente, compaixão, afeição, inclinação, sabedoria, amor, poder e dons que Deus possui. Mas essas características estão no embrião e se desenvolvem gradualmente, o dom do Espírito Santo é adequado a todos os sentimentos ou qualidades, aumenta, expande, melhora e purifica todas as paixões e afeições naturais e adapta-as com talento e sabedoria ao seu uso adequado. Ele inspira, desenvolve, nutre e amadurece cada alegria, gosto, sentimento inato e amor em nosso ser. Ele inspira virtude, benevolência, bondade, gentileza e amor. Desenvolve a beleza individual, forma o caráter, melhora a saúde, a vitalidade e o bem-estar social. Ele desenvolve e revigora todas as faculdades físicas e intelectuais do homem, do céu se manifestam porque surgem da fé como um princípio de poder."

Da mesma maneira que foi abordado anteriormente em relação à fé, compreendemos que esta não se configura como um conhecimento perfeito. Este mesmo princípio é aplicável aos seus desejos justos. No estágio inicial, não podemos assegurar com absoluta certeza a realização destes anseios, assim como a fé não se traduz em um conhecimento completamente infalível.

Este processo é caracterizado por uma jornada, uma evolução gradual na qual a certeza dos desejos justos se revela progressivamente. Inicialmente, estamos diante de um terreno de possibilidades, onde a fé age como um guia, mas não como um conhecimento definitivo. À medida que avançamos nessa jornada, experiências, esforços persistentes e alinhamento com princípios espirituais contribuem para a realização dos desejos corretos.

Então, o processo não é instantâneo, demanda tempo e engajamento contínuo. A compreensão inicial pode ser mais uma visão de esperança do que uma certeza tangível. Contudo, é a jornada, permeada pela fé e ação coerente, que gradualmente molda a realidade dos desejos justos. Essa é uma narrativa em constante evolução, onde a fé serve como alicerce sólido, mesmo quando o conhecimento perfeito permanece além do alcance inicial.

Observe atentamente: ao despertar e empregar seus talentos e habilidades, inicie o teste de sua capacidade de concretizar seus desejos justos, contando com a minha assistência. Mesmo que inicialmente possua apenas um desejo a ser realizado, infunda esse anseio com uma dose de fé. Permita que esse desejo atue em você, nutrindo-o até que a crença se solidifique, abrindo espaço em sua mente para a constante meditação sobre o seu desejo correto. Nesse processo, equiparamos esse desejo a uma semente.

No ato de semear, utilize suas habilidades e talentos como ferramentas para cultivar o terreno propício à realização de seus desejos. Teste, com persistência, a capacidade do solo da sua fé e ação. Ao regar essa semente do desejo com a água da confiança e do esforço diligente, permita que ela germine e cresça.

Assim como uma semente demanda cuidado, atenção e paciência para se transformar em algo frutífero, seu desejo correto requer um comprometimento constante. Acredite nesse desejo, nutrindo-o diariamente com pensamentos positivos e práticas alinhadas aos seus objetivos. Ao fazer isso, você proporciona à semente do desejo as condições ideais para florescer e prosperar.

Portanto, ao despertar para cada novo dia, veja-o como um campo fértil para semear e cultivar os frutos dos seus desejos justos. Através da combinação de talentos, ação, fé e meditação constante, você está capacitado a transformar pequenos desejos em realizações significativas. Este é um processo, uma jornada na qual sua mente e esforços convergem para moldar a realidade que você busca alcançar.

Agora, se você der espaço em seu coração para semear essa semente, veja se é a semente certa, ou se é uma boa semente, se você não a jogar fora por causa de sua incredulidade, resistindo ao Espírito de Deus, o Senhor.

Observe como começa a inchar em seu peito; e quando sentir a influência começa a dizer para si mesmo: deve ser um bom desejo, ou melhor, começo a confiar na minha capacidade para realizá-lo, porque começo a ver como posso realizar esses desejos; sim, estou começando a entender o processo. Agora veja: isso não aumenta sua fé? Eu digo que sim.

A fé é esperada (desejos corretos), mas não visível (não vemos, de acordo com nossas habilidades e circunstâncias, como o desejo pode ser realizado); portanto, não discutas, porque não vês, porque não receberás o testemunho se não aprenderes a confiar no Senhor e na capacidade que Ele te concede para realização de tal desejo, a confirmação do Senhor de que Ele abrirá o caminho para que o teu desejo se cumpra, até que a tua fé seja testada, depois de praticar a fé por um certo período de tempo.

Sempre que se debruçar sobre as páginas deste livro, reserve um momento para proclamar em voz alta as seguintes passagens fundamentais: Mateus 21:22 e João 15:1-8. Estimule um diálogo significativo com outro leitor envolvido na mesma jornada literária, proporcionando uma troca enriquecedora de perspectivas.

Ao reler esta obra, mergulhe nas diferentes seções destacadas no livro e examine minuciosamente o papel intrínseco da fé em cada episódio narrativo. Observe como a fé permeia e molda os eventos, contribuindo para o desenvolvimento dos personagens e para o desenrolar da trama. Dê especial atenção às distintas manifestações dos poderes celestiais, bem como às circunstâncias específicas em que são generosamente concedidos para assistir os mortais em suas jornadas.

Além disso, ao revisitar cada seção, analise de maneira detalhada a função e influência da fé em cada contexto. Explore como a interação entre o divino e o humano se desdobra, identificando como a fé desempenha um papel crucial na forma como os personagens enfrentam desafios, tomam decisões e experimentam transformações.

Este exercício de análise profunda não apenas proporcionará uma compreensão mais rica dos textos, mas também permitirá uma imersão mais completa nas diferentes dimensões da narrativa, revelando as complexas interações entre a fé e os poderes celestiais ao servir como guias e auxílios aos protagonistas da história.

Leia: Heb.11:1; Rom.10:14-17; Hab. 2:4; Mat. 9:29; Mat. 17:20; Luc. 17:6; Marc. 5:34; Luc. 7:50; Luc. 22:32; Atos 3:16; Rom. 10:17; 1Cor. 15:14; Gál. 5:6; Efe. 2:28; Efe. 6:16; Heb. 11:1-6; Tg. 2:17-22; Salm. 56; Is. 30; Jer. 48; 2Cor. 5; 2Cor. 8; 2Cor. 9; Jó 13:15; Salm. 118:8; Prov. 3:5; Dan. 3:19-28; Prov. 3:26.

Finalmente, ao lermos as escrituras, devemos procurar as passagens onde os poderes do céu se manifestam como resultado da fé pessoal.

Em seu caderno de anotações acrescente escrituras de sua preferência:

_____

_____

_____

_____

_____

_____

FAÇA UMA AVALIAÇÃO SISTEMÁTICA

Avalie com frequência sua capacidade de estabelecer e atingir metas (desejos justos) fazendo a si mesmo as seguintes perguntas:

1. Estou seguindo consistentemente o método correto ao estabelecer minhas metas?

2. Quando estabeleço metas que não podem ser alcançadas sem a ajuda do Senhor, sou constantemente lembrado do papel da fé ao invocar as forças celestiais?

3. Quando formulei meus objetivos em minha mente, notei os seguintes pontos:

- a. Meus objetivos são realistas?

- b. Estou me concentrando em poucos objetivos ao mesmo tempo ou estou tentando focar muitos objetivos ao mesmo tempo?

- c. Meus objetivos são difíceis?

- d. Quando formulo meus objetivos, confio mais no braço da carne, em vez de confiar totalmente no Senhor?

- e. Estabeleço metas de curto e longo prazo?

f. Os meus objetivos são baseados nos motivos corretos e estão de acordo com os desejos do Senhor?

4. Estou pronto para prometer ao meu Pai celestial que viverei uma vida mais justa?

5. Priorizo com sabedoria ao estabelecer metas?

6. Permaneço perto do Espírito de meu Pai celestial para evitar o desânimo?

7. Mantenho um registro consistente e preciso do cumprimento de minhas metas das seguintes maneiras:

a. Eu escrevo minhas metas?

a. Comparo regularmente o meu progresso com as metas estabelecidas?

a. Eu controlo minhas metas sob inspiração?

8. Uso cada objetivo como um meio e não como um fim (quero trabalhar ainda mais para alcançar meus objetivos)?

9. Estou constantemente tentando concentrar meus pensamentos em meus objetivos?

10. Luto constantemente pelos meus objetivos (desejos justos)? Consegui perseverar na fé nas minhas provações?

Devido à natureza dos tópicos abordados, não podemos entender os conceitos deste livro se o lermos apenas uma vez. Se decidirmos tornar o poder da fé uma parte importante de nossa vida, devemos decidir reler este livro uma vez por semana durante oito semanas consecutivas e depois relê-lo uma vez por mês. Cada vez que relemos este livro, devemos ler as escrituras designadas e responder ao questionário.

Para terminar vou compartilhar minha própria experiência de fé, que aconteceu exatamente enquanto eu preparava esta obra.

Encontrei muitos desafios para chegar até as últimas páginas deste livro, a luz acabou, computador desligou no meio de alguns textos, e não apenas uma vez, mas sim muitas e muitas vezes. Não reclamei, exercitei tudo o que compartilhei com vocês com respeito à fé, objetivos, desejos e confiança em Deus de que Ele me ajudaria a concluir este meu objetivo que agora se encontra em suas mãos. Não desisti, mantive o foco. Lembro que teve um dia em que terminei tarde da noite algumas páginas e o computador tinha travado, respirei, falei comigo mesma, isso está acontecendo com a pessoa correta, porque estou falando exatamente sobre fé, desafios, objetivos, dei um sorriso, me levantei, saí da frente do computador.

E, me lembro claramente, fiz uma oração a Deus, relatando minha gratidão por aquele dia que, embora tivesse sido desafiador, fortaleceu minha fé e meu testemunho. Pedi a Ele que me ajudasse no dia seguinte, porque eu precisava terminar de escrever este livro e que o computador funcionasse sem quaisquer problemas. Eu não sabia as razões daquelas falhas no sistema, mas Ele sim, e poderia me ajudar de alguma maneira para que eu pudesse terminar este livro.

Cheguei até aqui para compartilhar com cada leitor que sempre seremos testados e provados, mas não podemos desistir.

E se eu tivesse desistido?

Sei que Jesus Cristo vive e que os céus estão abertos; à medida que exercitarmos nossa fé e aprendermos a dominar nossos pensamentos e sentimentos, receberemos o auxílio divino para que possamos desfrutar de todos os desejos justos de nossos corações, se tão somente crermos e não duvidarmos.

No sagrado nome de Jesus Cristo, Amém.

REFERÊNCIAS

1. Joseph Smith, *Lectures on Faith*, p. 8 e 10, que fala sobre a estimulação de todas as faculdades intelectuais.
2. Spencer W. Kimball, *The Miracle of Forgiveness*, p. 10-105.
3. Marion G. Romney, *Magnificar o Chamado de Alguém*, A Liahona, julho de 1973, p. 90-91.
4. Boyd K. Paker, *Teach Yourself Diligently*, publicado por Deseret Book em Salt Lake City, 975, p. 20-205.
5. Spencer W. Kimball, *O Milagre do Perdão*, p. 103.
6. David O. McKay, citado em *O Milagre do Perdão*, p. 105.
7. David O. McKay, *True to Faith*, publicado por Bookcraft em Salt Lake City, 1996, p. 270.
8. Willian G. Jordan, citado em *An elder's Journal*, de Heber J Grant, 3:298, 15 de abril de 1906.
9. Spencer W. Kimball, *Boys Need Heroes Close*, The Ensign, 1976, p. 6.

Além disso, há a menção de *O Livro de Mórmon Outro Testamento de Jesus Cristo*, publicado por A Igreja de Jesus Cristo dos Santos dos Últimos Dias, em Salt Lake City, Utah, EUA. Esta é a primeira edição em inglês. Você pode encontrar mais informações no site oficial da igreja.

SOBRE A AUTORA

Josiane Pereira sempre gostou de desafios, desafios esses que a trouxeram até aqui com alegria e gratidão para compartilhar com vocês leitores um pouco do que aprendeu ao longo de sua jornada pela vida. É grata e feliz por cada escolha que fez e faz, sabe que viver é um desafio, mas vale a pena quando aprendemos a dominar nossos pensamentos e ações. Viver de modo doce e suave mesmo diante dos desafios requer um longo treinamento na mente, isso nos permite crescer e nos desenvolver para irmos conquistando a plenitude do viver feliz independentemente das circunstâncias.

Diante disso relata a autora: não quero dizer que será fácil sobrepujar os desafios da vida, seria hipocrisia de minha parte, porém digo com propriedade, certeza e clareza que passaremos pelos vales de dor com firmeza e doçura sem que nos tornemos pessoas amargas ou até mesmo revoltadas. O momento mais sombrio é pouco antes do amanhecer, no final de tudo estaremos andando e vivendo pela fé depois de tudo o que pudermos fazer por nós mesmos e ao próximo. Afinal, não existe nada mais compensador do que sorrir de você mesma, admirar o sorriso de uma criança, ter um coração repleto de gratidão, agradecer pelo sol, pela chuva, observar o canto dos pássaros, agradecer a cada dia por termos a oportunidade de viver e aprender.

O que sei é que quando temos um coração grato temos paz interior e saúde mental através de nossos pequenos esforços em vencermos a nós mesmos a cada caminhada pela vida. Descobrir sobre você mesma é aprender sobre os segredos mais profundos do viver sábia e prudentemente.